人生が整う
マウンティング
大全

NESS

マウ　リス 著

技術評論社

はじめに　世界はマウンティングで動く

マウンティングは現代社会を生き抜くうえで必須の教養

「マウンティング」という言葉を耳にする機会が増えている。マウンティングとは「マウント」とも略称され、相手に対して自身が優位な立場であることを誇示する意味合いで用いられる言葉だ。「マウンティングおじさん」「タワマンマウンティング」「駐妻マウンティング」……このような具合で複合語として用いられるケースも最近では増えてきた。

SNSなどの一般化によって、個人からさまざまな情報が発信されるようになった結果、私たちはほかの人がどんな人生を送っているのかをリアルタイムで知ることができるようになった。しかし、それによって弊害も生まれてきている。自身の充実した生活をSNS上でアピールする「マウンティング合戦」が絶え間なく繰り広げられ、マウンティングによって精神を疲弊させる「マウンティング疲れ」が増加した結果、深刻な社会問題となりつつあるのだ。

自分らしく満ち足りた人生を送るうえで、不毛なマウンティング競争はできる限り回避すべきである。一方で、人間の行動の大半はマウンティング欲求によって支配されており、マウンティングから完全に逃れることはほとんど不可能である。だとしたら、マウンティングを一方的に否定するのではなく、「マウンティングは現代社会を生き抜くうえで必須の教養である」と肯定的に捉え、マウンティングを人生を切り拓くためのツールと考えるほうが得策なのではないだろうか。

人生はマウンティングで攻略できる

私はビジネスパーソンとして日々の実務に取り組む中で、人間社会におけるマウンティングの重要性に気づいて以来、我が国における「マウンティングリテラシー」の向上に努めるべく、マウンティング研究家として発信活動に取り組んできた。

自分らしく豊かな人生を送るうえで大切なことは、人間自身に内在するマウンティング欲求を理解し、それをうまく味方につけることだ。

マウンティングとの正しい付き合い方を知らなければ、人生は地獄になる。逆に、「マウンティングリテラシー」を高め、マウンティングを適切に活用することによって、人生は天国にもなりうる。

人生は、マウンティングで攻略できるのだ。

本書では、「マウンティング地獄」から脱出し、「マウントフルネス」を謳歌するためのノウハウを余すところなくお伝えしていきたい。本書と巡りあったすべての人々が、マウンティングという魔物から解き放たれ、「80億総マウント社会」を力強く生き抜いていくためのヒントとなれば望外の喜びである。

Contents

第1章　マウンティング図鑑

～一流の人こそ実践するマウントのパターンとレシピ～

教養マウント

達観マウント

虎の威を借るマウント

第2章

武器としてのマウンティング術

～人と組織を巧みに動かす、さりげない極意～

第3章 マウンティングはイノベーションの母

～マウンティングエクスペリエンス（ＭＸ）を売れ～

米国企業の競争力の源泉はマウンティングエクスペリエンス(MX)の設計能力にあり
～顧客の「マウント欲求」をハックせよ～

第4章

「マウントフルネス」を実現するには

~「80億総マウント社会」を生き抜くための人生戦略~

マウンティングとともに生きる

マウンティングを味方にする戦略と技術

第 1 第

マウンティング図鑑

〜一流の人こそ実践する
マウントのパターンとレシピ〜

「現代社会で繰り出されるマウンティング事例を徹底的に学び直したい」

――そんなマウンティング初心者におすすめなのが、本章で紹介する「マウンティング図鑑～一流の人こそ実践するマウントのパターンとレシピ～」である。本章では、最新の動向を反映すべく、直近5年間のマウント事例を独自の方法で収集・分析し、頻出パターンを5つのカテゴリに分類したうえで、例文付きで厳選した。「80億総マウント社会」を力強く生き抜いていくための「傾向と対策」として、ぜひとも繰り返しご活用いただきたい。

グローバルマウント

global mount

海外留学や海外在住歴といったグローバルな要素を用いて自身の優位性をアピールする行為を「グローバルマウント」と呼ぶ。ニューヨークやロンドンといった欧米の都市がグローバルマウントの材料として用いられることが多い。その背景には、日本人特有の欧米コンプレックスがあるとされる。

グローバルマウントを展開する人の多くは、「世界では～」「国際的に見ると～」などと述べ、実際には存在していない「グローバル基準」を勝手に創り出し、「自分は世界を知っているぞ」と自慢する傾向がある。

ニューヨークマウント

“申し訳ありません、その日はあいにくの
ニューヨーク出張でして、
同窓会に参加することができません”

申し訳ありません、その日はあいにくのニューヨーク出張でして、同窓会に参加することができません

Recipe

飲み会などのイベントに参加できない理由として「ニューヨーク出張」を挙げ、自身のグローバルな活躍ぶりを周囲に見せつける

ピーター・ルーガー、NYに住んでいた頃によく行きました。ニューヨークで食べる、いつもの味が懐かしいなあ

Recipe

ニューヨークにおける自身の豊富な食体験を振り返ることで、ニューヨークに住んでいた事実をさりげなくアピールする

ミュージカル『オペラ座の怪人』の大阪公演に行かれたんですね。私も数年前にブロードウェイ公演にクライアントからご招待いただいたのですが、本当に素晴らしかったです。大阪はどうでしたか？

Recipe

有名なミュージカルのNY公演にクライアントから招待されたことを語り、自身が特別な立場にあることをほのめかす

欧米コンプレックスを抱えがちな日本人にとって、米国や欧州は憧れの場所。中でも、世界の経済と流行の中心地であるニューヨークは特別な存在である。

・ニューヨーク在住マウント
・ニューヨーク駐在マウント
・ニューヨーク出張マウント

こういったニューヨークを題材にしたマウンティングが、我が国では日々盛んに繰り広げられている。

SNSのプロフィール文に「ニューヨーク在住」と記載されているものの、実際には「ニューヨーク市」ではなく「ニューヨーク州」在住という場合が見られる。また、ニューヨークのオフィスに通勤しているだけで、実際には隣接するニュージャージー州に在住しているケースも散見される。

我が国においては、海外とやりとりしているだけでも「凄い人扱い」されるものだが、それを逆手に取り、「ニューヨーク拠点と日常的にミーティングしている事実」を示すことで、自身の優位性を示すことができる。これを「ニューヨークテレカンマウンティング」

と呼ぶ。終わりが見えない退屈な飲み会でひと足先に帰りたくなった際にこの「ニューヨークテレカンマウンティング」をうまく使えば、「ニューヨークと会議なら仕方がないか」という雰囲気が生まれ、比較的スムーズに帰宅できることが多い。

補足

ニューヨークマウントは「時差ボケマウント」や「空港マウント」と相性が良く、

「ニューヨーク出張の時差ボケで死にそうです」
「ジョン・F・ケネディ国際空港でいつもお世話になっているレストランがなくなっていて途方にくれています」

などと組み合わされて用いられることが多い。

「ニューヨークの物価の高さには驚かされるばかりです」

といった形で、物価の高さと組み合わされることもある。

ダボスマウント

"ダボス会議に参加するたびに、
国際社会における日本の存在感の低下ぶりに
ついて考えさせられます"

"ダボス会議に参加するたびに、国際社会における日本の存在感の低下ぶりについて考えさせられます"

Recipe
ダボス会議の写真やエピソードをSNSで投稿。日本の未来を憂いながら、ダボス会議に招待されたことをほのめかす

"僕にとっては13回目のダボス会議ですが、妻が同行するのはこれが3回目。車窓の外は一面の雪景色です"

Recipe
ダボス会議に参加した回数を誇らしげに語り、自分はほかの参加者とは一線を画す特別な存在であることを強調する

"ダボス会議？　あの手の会議にはよく招待されます。昔、娘が行きたいと言ったので参加してみましたが、ああいう場ではあまり重要な話はされないので、その後は一度も参加していませんね"

Recipe
ダボス会議への参加に意味を感じないと主張することで、自分はミーハーな連中とは異なる立場であることをアピールする

ダボス会議に参加するということは、エリート層の中ではかなりの名誉であり、毎年ダボス会議のシーズンになると「ダボス会議参加マウント」がSNS上で目立つようになる。「ダボス会議に招待されました!」的な直球マウント投稿は比較的少なく、

「ダボス会議に出席するたびに日本の存在感の低下について考えさせられます」

「こういう場はあまり好きではありませんが、頼み込まれたので仕方なく出席させていただきました」

「ヤング・グローバル・リーダーズ(YGL)仲間と久しぶりの対面!」

といった形で、マウンティングをうまくカモフラージュした投稿が数多く見られる。

ちなみに、ヤング・グローバル・リーダーズ(YGL)とは、ダボス会議を主催する世界経済フォーラムが選出する、世界に変化をもたらす40歳以下の人物のことを指す。

補足

ダボス常連組の中では、単にダボス会議に参加しただけではなく、ダボス会議に参

加した回数でマウントを展開する強者も存在する。実際、「Davos Circle」と呼ばれる10回以上ダボス会議に参加したことのある人のみが招待される会合が存在する。

ダボス会議と似た会議に、アジアを中心とした世界の経済界、政界、学術界のリーダーたちが集結し、グローバルな課題の解決に向けて議論をおこなう「サマーダボス」がある。国際的なカンファレンスの中ではダボス会議に次ぐレベルのマウント力を誇る。毎年多くの日本人関係者が開催地の大連を訪れ、「サマーダボスに参加している自分」をうれしそうに自撮り付きで報告している。その光景は、さながら真夏の風物詩と言えるのかもしれない。

「ダボスマウント」は、「著名人と知り合いマウント」と相性が良く、

「ダボス会議で10年来の仲の○○と再会！　世界的な歴史学者の彼と話すと、自分の知識の無さを思い知らされるなあ」

などと組み合わされて用いられることが多い。

時差ボケマウント

”昨日、ようやくニューヨーク出張から
帰ってこれたのですが、時差ボケで死にそうです。
来週の国際会議の資料作成が全然手につかない……“

“昨日、ようやくニューヨーク出張から帰ってこれたのですが、時差ボケで死にそうです。来週の国際会議の資料作成が全然手につかない……”

Recipe

時差ボケで苦しんでいることを自虐的に見せつつ、ビジネスパーソンとしてグローバルに活躍している自身の姿を強調する

“ロンドン↓ニューヨーク↓シカゴ↓東京を1週間で回ったせいで、時差ボケのオンパレード。学生時代に夢見た世界一周はこんなんじゃなかった”

Recipe

海外出張による時差ボケに悩まされていると愚痴りながら、多忙なスケジュールをこなしていることをアピールする

“今週はシリコンバレーとニューヨークを経由してからのアムステルダムのカンファレンスに出席します。おすすめのレストランなどをご存じの方はぜひ教えてください”

Recipe

おすすめのレストラン情報を聞くふりをして、海外のカンファレンスに参加することができる自分の恵まれた立場を見せつける

解説

「時差ボケでつらい」「海外出張はもう二度としたくない」という発言は、ある種のカモフラージュ。本人は、ビジネスで世界中を飛び回っている自分の姿にある種の〝陶酔感〟を覚えている。海外出張先としては、ニューヨーク、パリ、ロンドン、サンフランシスコといった、いかにも欧米っぽい都市が用いられることが多い。

補足

「時差ボケマウント」投稿のコメント欄には、

「私も以前、東京→ロンドン→ヨハネスブルク→ドバイ→東京を1週間で移動したことがあります。あんなフライトはもう二度としたくないですね」

などと張り合うマウントおじさんが頻繁に登場する。他人の投稿のコメント欄でマウントを取ろうとするその積極性は、すべてのビジネスパーソンが見習うべきだろう。

筆者が最近目撃した「時差ボケマウント」の派生系としては、スマホの時計アプリを見れば一目瞭然であるにもかかわらず、「完全に時差のこと忘れてたけど、日本って今何時なんだろう？」などとわざとらしくSNSでつぶやくケースなどが挙げられる。

海外移住マウント

日本の冬の寒さが苦手で、
逃げるようにバルセロナへの移住を決めました。
寒さに強い人が本当に羨ましいです

”日本の冬の寒さが苦手で、逃げるようにバルセロナへの移住を決めました。寒さに強い人が本当に羨ましいです“

Recipe

「日本の冬の寒さが苦手」というカジュアルな理由で海外移住を決めたことを述べ、自身が経済的に恵まれた立場にあることをほのめかす

”週末はミュンヘンに夫と旅行。欧州はどの国も近くて気軽に旅行できるのが最高です。シェンゲン協定万歳！“

Recipe

シェンゲン協定という仕組みの素晴らしさをほめたたえるフリをしながら、欧州に移住した自分の幸せそうな姿を周囲に見せつける

”海外移住して思うけど、こっちのほうがストレスフリーで心地いいよ。いつまで「沈みゆく国」で仕事してるの？“

Recipe

海外生活の写真やエピソードをSNSで投稿。日本の未来を憂いつつ、海外移住のメリットを一方的に強調する

解説

海外移住の文脈ではニューヨークとパリのマウント力が最も高いが、バルセロナやリスボンなどの南欧も人気がある。また、欧米圏の都市以外では、シンガポールとドバイが富裕層から圧倒的な人気を誇る。移住者の一部は、自身が富裕層であることを醸し出しつつ、移住の目的として「子どもの教育のため」といった大義名分を振りかざす傾向がある。しかし、実際は単なる節税対策であることが多い。

補足

海外移住後に移住者を待ち受けているのが「海外在住歴マウント」である。

「1年しか住んでないからわからないんでしょうけど」
「在住3年じゃ、まだまだお客さん扱いだよ」
「私はこの国に10年以上住んでますが、そんな話は聞いたことですね」

といったように、在住歴の長さを武器に持論を展開する「海外在住歴マウント」がさまざまな地域で観測される。十分に注意されたい。

海外移住者の中には「日本はオワコン」と述べ、世界中に生活拠点を分散して持つことの重要性をことさらに強調する人がいる。彼らの多くは「自分は日本という国が好き」「日本を愛しているからこそ僕たちは海外に出る」などと愛国者的な発言をしがちである。

空港マウント

“本日のフライトで
サンフランシスコから帰国するはずが、
まさかの台風で足止めとは……参ったな”

”本日のフライトでサンフランシスコから帰国するはずが、まさかの台風で足止めを食らうとは……参ったな“

Recipe

台風の影響で海外の空港で足止めを食らって困り果てていることを報告し、海外渡航中の自身の姿をさりげなく見せつける

”ジョン・F・ケネディ国際空港なら。出発まで少し時間があるので、ラウンジで家族としばしの休息を取っています“

Recipe

海外の空港ラウンジで休息を取っていることをSNSで投稿し、家族と海外旅行に訪れている家族ファーストな自分をアピールする

”羽田—ロンドン間の飛行時間は、ロシア上空を飛べた時代は12～13時間だったのですが、今はベーリング海を抜けて北極圏の北米側を迂回するので14～15時間もかかります。全部プーチンのせいだ……“

Recipe

自身の仕事が国際情勢にダイレクトに影響を受けていることを垣間見せることで、グローバルなビジネスに携わっている雰囲気を醸し出す

解説

空港に滞在している自分の姿をＳＮＳで報告するマウンティングのことを「空港マウント」と呼ぶ。ジョン・Ｆ・ケネディ国際空港やロンドン・ヒースロー空港といった海外の空港を位置情報にひもづけて、意識の高い写真をＳＮＳに投稿するのが典型的なパターンとされる。

「空港マウント」を展開する人の投稿には「いいね」を欲しがる承認欲求が透けている場合が多く、そのせいで周囲から失笑を買ってしまうことも少なくない。次のような例が挙げられる。

・羽田空港国際ターミナルの混み具合を報告し、「海外に行かれる方はくれぐれもご注意ください」と注意喚起

・「ＡＮＡダイヤモンドラウンジ」などの空港ラウンジで、知り合いと遭遇したことをうれしそうに投稿

補足

「空港マウント」と組み合わせて、Priority Passが使えるレストランやラウンジに精通していることをほのめかし、自分が特別な立場であることをアピールする「PPマウント」が見られる。ちなみに、Priority Passとは世界各国の空港ラウンジを利用できる会員制サービスのことで、年会費の高いクレジットカードの特典として付帯されていることが多い。

学歴マウント

educational background mount

自分が高学歴であることを自慢したり、反対に相手の学歴が低いことをけなしたりする行為を「学歴マウント」と呼ぶ。一般的に、学歴マウントの材料としては出身大学が用いられることが多いが、一部の名門高校出身者の場合、出身高校がマウントの材料となる場合がある。また、出身校ではなく、博士号の有無で学歴の上下を区別しようとするケースも見られる。

「私は学歴を気にしない」「学歴主義は好きではない」と強調する人がいるが、そういう人ほどじつは学歴を気にしていて、自分の子どもの学歴にこだわる傾向があったり、当の本人もかなりの高学歴だったりする。

仕方なく東大マウント

“もともと音大志望でしたが、
親に言われて仕方なく
東大を受験することにしたんです”

”もともと音大志望でしたが、親に言われて仕方なく東大を受験することにしたんです“

Recipe

東大に合格する能力を持っているだけでなく、芸術などの分野においても優れた才能を持っていることをアピールする

”京大インド哲学科が第一志望だったのですが、担任に脅迫されて、仕方なしに東大文一へ入学することになりました“

Recipe

周囲の期待から自分が本当に興味があった分野への進学を断念せざるをえず、仕方なく東大進学を決めたことを一方的に語る

”ハーバードかイェールに行くつもりだったのですが、親の介護のこともあったので、仕方なく東大進学を選びました“

Recipe

海外の名門大学への進学が実力的に可能だったことを示し、自分にとって東大は唯一の選択肢ではなかったことを強調する

解説

東大受験生の中でも最上位層の学生にとっては、合格すること自体はあたりまえであり、「いかにたいした対策もせずに合格したか」を示すことが重要となる場合がある。ガリ勉して東大に合格したところで周囲からそれほどリスペクトされず、「高3夏から受験勉強を始めて現役で東大合格」などのスタイルがマウントの文脈では最も望ましいとされる。東大出身の起業家がメディアのインタビューなどで

「学生時代はバンド活動に明け暮れた」
「受験勉強は基本的にしたことがない。そもそも高3の秋までE判定だった」

と述べたがることにも、同様の背景があるのではないかと思われる。

補足

ここ数年、東大を飛び越えていきなりハーバードやイェール、スタンフォードといった海外の名門大学に進学するトレンドが、開成や灘といった超進学校の生徒を中心に生まれつつある。「学費の観点から東大ではなくハーバードを選ぶしか選択肢がなかった」といった新たなマウントのパターンも生まれてきており、注目すべき動きと言え

るだろう。

ちなみに、学力的に東大に届かず東大を目指すことを断念した親には、自分の子どもを使った「リベンジ狙い」目的で、海外の名門大学に進学させるために英語教育に躍起になる傾向があると言われている。

名門高校出身マウント

“灘で同級生だった○○君は本当に凄かった。
彼のおかげで数学者の道を
潔く諦めることができました”

”灘で同級生だった○○君は本当に凄かった。彼のおかげで数学者の道を潔く諦めることができました“

Recipe

同級生の優秀な人物を引き合いに出すことで、自分が彼らと肩を並べるレベルの集団に属していたことをほのめかす

”高校では高3の夏までバカばっかやってました。それでも現役で東大に入れたことは、開成の七不思議と言われています“

Recipe

高校時代に勉強していなかったことを強調しつつ、それでも東大に現役合格した実績をさりげなく見せつける

”先日、高校時代の友人たちと飲み会があったのですが、皆それぞれの道で活躍していて、刺激になりました。筑駒出身者って、本当にいろいろな分野で優れた人材が育っているんですよね“

Recipe

名門高校の同窓生を誇りに思っていると語ることで、優れた集団の中で教育を受けてきたことを一方的にアピールする

解説

学歴と言えば大学や大学院などの最終学歴を指すことが多いものだが、超上位層になると、高校の偏差値レベルがより重要になることがある。そのため、東大よりも難易度が高いとされる開成や筑駒、灘、麻布などの卒業生の一部は、しきりに自分たちが名門高校の出身であることを会話の中に忍ばせる傾向がある。

「母校の開成高校で授業をさせていただきました。みなさん真剣に聞いてくれて、質問もたくさんしてくれたので、とてもうれしかったです」

「灘の同級生で東大理三に行ったみんなは本当に賢かった。理三に行った全員がコンピューターサイエンスに進んでいたら、日本の失われた30年はなかったのではと思う」

補足

これらの名門高校のブランドを使ってマウントを取りたがるのは、本人だけではない。親としても、偏差値の高い大学に子どもが合格したことを示すことで、「自分の子どもの知能レベルが高いこと」「自分の教育方針が優れていること」を周囲に対して見せつけることができる。要は、自分が叶わなかった夢を子どもに託しているわけだ。

なぜ、港区の専業主婦や高卒の叩き上げ系経営者の一部が子どもの中学受験に夢中になるのか――それは、純粋に子どもの将来のためではなく「子どもを使ってマウントを取りたい」という欲求が少なからず含まれているのだ。

大学の偏差値が高校の偏差値を大きく下回る経歴の持ち主の一部は、「出身大学」ではなく「出身高校」を自らのアイデンティティの拠り所とする傾向がある。実際、「開成→早稲田」の人物は「開成卒」であることを強調し、「筑駒→鳥取大（医学部）」の人物は「筑駒卒」をアピールしようとする場合がある。彼らと接する際には、できるだけ高校時代のエピソードを聞くように心がけることで、良好な人間関係を構築することができるだろう。

東大卒否定マウント

“東大卒とこれまでに何度も
仕事をしたことがありますが、
心の底から頭が良いと思える人は
ほとんどいなかったですね”

”東大卒とこれまでに何度も仕事をしたことがありますが、心の底から頭が良いと思える人はほとんどいなかったですね“

Recipe

世間では優秀とされる東大出身者を「頭が良いと思えない」と否定することで、自分の優秀さをさりげなく見せつける

”これまでに何人も東大卒を雇って来たけれど、99％は使えなかった。というか、普通の人。学歴は関係ないよホント“

Recipe

多くの経営者が採用したがる東大出身者のことを「99％は使えない」と否定しつつ、東大出身者を数多く採用してきたことを誇る

”東大出身の友達がいるんだけど、職場でけっこう苦労してて、しんどそう。学歴だけじゃ成功しないんだなって感じるよ“

Recipe

自身の交友関係の広さを自慢しつつ、東大卒社員が仕事で苦労している様子に同情するフリをしながら、自身の優位性を見せつける

東大に入りたかったけれど入れなかった「学歴コンプレックス」を抱えた一部の中高年男性がやりがちなマウント。彼らは「東大卒は大したことがない」「東大卒でも能力が高いとは限らない」といった持論を展開するケースが見られるが、これは因果関係が逆で、「大したことない東大卒だからその人物の近くで働いている」と考えたほうが自然であるとの意見がある。

一方で、彼らの中には

「東大の○○くん、ゴールドマン・サックスとうちのインターンで迷った結果、うちに来てくれたんだよね」

「外資金融の内定を蹴ってこんな零細企業に来てくれるなんて、コシが違うよね」

などと語り、東大生が自社に興味を持ってくれたことに対してこの上ない喜びを感じてしまうケースも見られる。

補足

大学受験で東大に合格できず、大学院から海外名門大学に進学した人の中には、東大を頂点とする日本の受験システムに批判的な意見をぶつけたがる人物が存在する。一方で、彼らの中には、「東大生は世界水準ですよ。ハーバードで長らく研究していた私はそう思います」などと語り、東大生を評価していることを強調したがるケースも一部見られる。

海外留学マウント

"コンサルタントとして
思うようなパフォーマンスが発揮できず、
逃げるようにしてハーバード留学を決めました"

"コンサルタントとして思うようなパフォーマンスが発揮できず、逃げるようにしてハーバード留学を決めました"

Recipe

海外に留学した経験を「逃げた」と自虐的に語ることによって、名門大学に進学した自分の輝かしいキャリアを見せつける

"スタンフォード時代の友人と久しぶりに話をしたんですが、自分にとってMBA取得は本当に貴重な経験でした"

Recipe

MBA留学時代の友人と久しぶりに会ったことをSNSで報告し、海外留学を通じて知り得た人脈の大切さをうれしそうに誇る

"ハーバード時代、現地の習慣に慣れるのに時間がかかったけど、それが自分の適応力を鍛えるきっかけになりました"

Recipe

海外留学のメリットをしきりに語ることで、自身が海外の名門大学出身であることをさりげなくアピールする

解説

海外の名門大学に留学し、その経験を上から目線で自慢する行為を「海外留学マウント」と呼ぶ。留学先としては、ハーバードやイェール、オックスフォード、ケンブリッジといった欧米のトップスクールが好んで用いられることが多い。

「海外留学マウント」を展開する人の一部は、短期留学しただけにもかかわらず、フェイスブックの出身大学欄に「University of 〇〇」などと記載し、留学先の大学をアピールする傾向がある。また、留学の目的として「自分自身を見つめ直す」「世界を変える」といった立派な内容を掲げることが多いが、実際は大学受験で志望大学に合格できずに学歴コンプレックスを抱えた人による「リベンジ目的」の留学であるケースも少なくないという指摘がある。

補足

「海外留学マウント」は「読書マウント」と相性が良く、

「大学の図書館では本を1人3冊までしか借りられなかったけれど、ハーバードの図書館では1人100冊まで借りられるから、その分、読書量が格段に増えました」

などと組み合わされて用いられることが多い。

「奥さんマウント」とも相性が良く、

「ＭＢＡ留学の是非がよく議論されますが、僕の場合、留学中に今の奥さんと出会うことができたので、役に立つ・役に立たないとかそういう次元の話ではないんですよね」

などという形で用いられるケースもある。

ここ数年、海外留学の費用は高騰の一途をたどっており、留学中の貧乏生活を自虐気味にアピールするケースが見られる。一方で、

「私の場合は奨学金をいただいているので、まだマシですが」

などと述べ、自身の優秀さを垣間見せようとするケースも見られる。

MENSAマウント

”

クイズ番組でよく聞く
MENSAの試験に合格しました。
今度、オフ会に潜入してみようと思います

“

”クイズ番組でよく聞くMENSAの試験に合格しました。今度、オフ会に潜入してみようと思います“

Recipe

MENSAの入会試験に合格したことを示し、自身のIQ（知能指数）が一般のレベルよりも高いことを周囲に見せつける

”昔、MENSA会員だったのですが、あまりにも退屈だったので、途中で退会してしまいました“

Recipe

MENSAの会員だった過去を開示しつつ、MENSAという団体のレベルの低さを嘆くことで、自身の優秀さを強調する

”私はMENSAのIQの基準も大幅にクリアしているけれど、むしろ最近痛感しているのは、いかに自分がバカでポンコツかということです。本当に自分の頭の悪さを呪いたくなる……“

Recipe

自身のIQがMENSAの入会基準を超えるレベルであることをアピールしつつ、「自分は頭が悪い」と自虐的な発言をおこなう

解説

ＭＥＮＳＡに入会できることは高い知能を持っていることの証明とされるため、ＩＱに自信のある人の一部はこぞってＭＥＮＳＡの試験を受ける傾向がある。合格した人は、ＳＮＳでＭＥＮＳＡの会員証の画像をうれしそうに投稿しがちである。しかし、ＭＥＮＳＡマウントは学歴マウントの下位互換であると考える向きもある。

ＭＥＮＳＡ会員の中には、真に頭脳明晰な人も存在する一方で、「自分は優秀な人間である」という自己認識はあるものの、社会で思ったような成果を出すことができず、アイデンティティの拠りどころを知能指数に求めることになってしまった人物も一部存在すると言われている。実際、ＭＥＮＳＡ会員は「社会不適合者」「神に選ばれし厨二病」「自尊心が高い割に実績がない人間が行き着く」などと揶揄されることがある。また、彼らの自慢話は基本的に幼少期に偏りがちである。

補足

「ＭＥＮＳＡ芸人」「ＭＥＮＳＡ声優」など、自分が携わる仕事に「ＭＥＮＳＡ要素」をかけ算することによって、差別化を図ることに成功しているケースも見られる。キャリア戦略を考える際には、必要に応じて参考にするといいだろう。

教　養

culture mount

マウント

　教養水準の高さを示すことで、「いかに自分が知的な人物か」をアピールする行為を「教養マウント」と呼ぶ。教養マウントの材料としては、芸術、文学、音楽、美術、哲学などが用いられることが多い。

　教養マウントを展開する人の多くは、「自分にはこんなに教養があるぞ」と自慢し、持ち前の知識をひけらかすことで、他人よりも優位な立場にあることを見せつける傾向がある。それに対して、マウンティングをおこなうために教養を振りかざすような人物は真の教養人とはかけ離れた存在であるとの指摘がある。

古典愛読マウント

"趣味は読書で、
基本的には古典をよく読みます。
ビジネス書ですか？
普段はほとんど読みませんね"

”

趣味は読書で、基本的には古典をよく読みます。ビジネス書ですか？　普段はほとんど読みませんね

“

Recipe

一般大衆が好むような即物的なビジネス書には興味がなく、難解そうな古典作品を愛読していることをやたらと強調する

”

知人と話していて、プラトンの『ソクラテスの弁明』で盛り上がりました。彼との議論はいつも刺激的です

“

Recipe

ソクラテスやプラトンといった歴史上の哲学者の作品に普段から触れている自分の姿をさりげなくアピールする

”

この作品で描写されている○○は、現代でも通じる普遍的テーマ。翻訳版だと原文のニュアンスが少し失われているけどね

“

Recipe

自分が読んでいる古典作品の写真などをＳＮＳで投稿しながら、その作品に関する独自の洞察を一方的に語る

解説

古典を愛読していることを自慢して教養を見せびらかす行為は、自身の知性にコンプレックスを持っていることの裏返しであり、ビジネスの世界で勝てなくなった人がやりがちなマウントの典型的なパターンの1つとされる。

一方、ビジネスの世界で勝ち上がった人が「自分はビジネスだけの人間ではない」ことを示すために、「古典愛読マウント」を用いて自身の知的教養をさりげなくアピールするケースも時折見られる。

補足

オンライン会議の画面背景で本棚をチラ見せする「本棚マウント」を展開するマウンティング巧者がコロナ禍で増殖した。このような場合、ビジネス書よりも古典作品を並べることが、自身の教養水準の高さを示すうえで有効であるとされている。

「はじめてニーチェを読んだ時は衝撃的すぎて1ヶ月くらい何も手につかなかった」

などと古典作品に打ちのめされた自分の姿を見せつけることで、自身の知的教養の高さをアピールするパターンも見られる。

「古典もいいけど、最近は小説から学ぶことのほうが圧倒的に多いなあ」

などと、小説を読んでいることをアピールする「小説愛読マウント」も見かけることがある。

ワイン愛好家マウント

“この生産者さん、とても気さくな方ですよね。
シャンパーニュ訪問時には
本当にお世話になりました”

"この生産者さん、とても気さくな方ですよね。シャンパーニュ訪問時には本当にお世話になりました"

Recipe
フランスなどのワイン生産者との交流をさりげなく披露することで、ほかのワイン愛好家との差別化を図る

"私自身、30年以上ワインを飲んできてブショネを体験したのは2〜3回だけ。まあ、当たりクジみたいなものですよ"

Recipe
ワイン歴の長さをさりげなく見せつけることで、自分が「筋金入り」のワイン愛好家であることをアピールする

"〇〇地方の〇〇年ものは、独特の風味があって優秀ですね。以前に試したワイナリーのものに似ている気がします"

Recipe
自宅のワインセラーの写真を見せたり、稀少なワインについて話すことで、ワイン通な自分の姿を周囲に対して強調する

解説

高価で希少なワインを飲んでいることを見せびらかしたり、ワインに関する知識を一方的に披露するマウント。経済的に余裕のある経営者やエリートビジネスパーソンによっておこなわれることが多い。

「ワイン愛好家マウント」を展開する人の一部は、ワイン自体の味ではなく、「高価で希少なワインを並べて飲んでいる自分」という差別化された体験を味わうことに大きな価値を感じている。彼らはワインに関する細かなウンチクを語ることを好み、自身のワイン歴の長さを自慢したり、国際的な認定資格「ＷＳＥＴ」を保有していることをさりげなくアピールする傾向がある。

補足

ブルゴーニュなどのワイン産地の生産者さんとのつながりを強調することで自身のワイン愛をアピールしたり、フランスやイタリアに旅行した友人に対して

「あそこのワイナリーは行った？」

などとマウント気味に質問するワイン愛好家も一部存在すると言われている。

ジャズ愛好家マウント

“ブルージャイアント、なかなか良い映画でした。
ジャズをあまり知らないという人たちにも
ぜひ見てほしいな”

”ブルージャイアント、なかなか良い映画でした。ジャズをあまり知らないという人たちにもぜひ見てほしいな“

Recipe

ジャズをテーマとする映画作品をオススメすることで、自分がジャズに精通していることをさりげなく示す

”今日はこれを聴いてます。当時はそれほど評価されていなかったけど、今ではジャズの歴史に残る名盤とされています“

Recipe

ジャズの曲のタイトルやアーティスト名をSNSで投稿し、ジャズを日常的に楽しんでいる自分の姿を見せつける

”先日、運良く見つけた○○の初期録音集。この音質と彼女の若き日のパワフルな歌声は、CDでは決して味わえないよね“

Recipe

所有している希少なレコードやCDの写真を見せることで、ジャズをこよなく愛する自分の姿を披露する

解説

「今日はひさびさのBlue Note Tokyo」などとSNSに投稿する、自称ジャズ愛好家の中高年男性に好まれるマウント。浅い知識しか持ち合わせていないにもかかわらず、ジャズ初心者の女性を相手に自慢のウンチクを一方的に披露したがることが大きな特徴。

「もうロックは卒業した。今はおもにジャズを聴いているよ」

などと自慢げに語る自称ジャズ愛好家の中には、ジャズとブルースを混同してしまっているケースも少なくないと言われている。

補足

「ジャズマウント」は「ニューヨークマウント」と相性が良く、

「10年以上前にニューヨークに住んでいた頃に『上原ひろみのジャズピアノライブに行かない？』と誘われたことが何度かありました」

などと組み合わされて用いられることが多い。

伝統芸能愛好家マウント

"私が東京に住み続けている理由はたった1つ。
それは、大好きな歌舞伎を
見るためにほかならない"

私が東京に住み続けている理由はたった1つ。それは、大好きな歌舞伎を見るためにほかならない

Recipe

東京に住み続けている理由を「歌舞伎のため」と言い切ることで、自分が文化芸術を重んじる人物であることをアピールする

以前に招待券をいただいて、歌舞伎の特別公演に行ったことがあります。あの舞台は本当に印象的でした

Recipe

歌舞伎や狂言などの特別な舞台や公演に招待されたことをアピールし、自身の人脈の豊富さを周囲に見せびらかす

この公演には、スーパー歌舞伎の特徴がよく出ていますね。ちなみに、あの道具はヒノキで作られているんですよ

Recipe

伝統芸能の舞台で使われている特別な道具や衣装について語ることで、伝統芸能に関する自身の深い知識を見せつける

解説

能や歌舞伎、狂言などの伝統芸能をこよなく愛する自分の姿を周囲に見せつけ、教養水準の高さを示すマウント。派生パターンとして、観劇回数をアピールする「観劇回数マウント」や、観劇年数の長さを強調する「観劇歴マウント」なども見られる。

伝統芸能愛好家の中でも、いわゆる「ガチ勢」になると、演者と目が合った回数までマウントの材料として活用するケースも見られる。

補足

一部の女性の間では茶道を嗜んでいることをアピールする「茶道マウント」がおこなわれることがある。茶道マウントを展開するマウントマダムの中には、初心者が作法をまちがえた際に「個性的な作法ですね」などと述べ、自身の優位性をさりげなく誇示する人物も少なくないと言われている。彼女たちがお茶碗を褒める場合、私はそのお茶碗の価値をきちんと理解していますよという「知識マウント」であることも多く、注意が必要である。

アート愛好家マウント

"アートのオークションに参加してみましたが、
思った以上に競り合いが激しくて
ビックリでした"

アートのオークションに参加してみましたが、思った以上に競り合いが激しくてビックリでした

Recipe

アートのオークションに参加したことを示し、アートを購入できるだけの経済的余裕があることをさりげなく見せつける

去年のアートフェアで、ある新進気鋭のアーティストに出会いました。彼女の作品はこれから注目されるでしょうね

Recipe

アーティストとの交友関係を披露し、自分がアーティストの才能を見抜く目を持っていることを一方的にアピールする

これはルネサンス時代の作品です。この画家はあまり知られていませんが、非常に重要な役割を果たしていたんです

Recipe

ごく一部の人しか知らないような歴史上のマニアックな画家に関する知識を披露し、アートに精通している自分の姿を強調する

解説

自身を「アート愛好家」と称し、アート作品に関する知識を披露することで、知的教養を見せびらかすマウント。自身を差別化するためのツールとして、経営者やエリートビジネスパーソンに好まれる傾向がある。

現代アート愛好家を自称する人物は、現代アート作品自体ではなく、「現代アート作品を購入している自分」というマウンティング体験を欲しているという指摘がある。実際、成功者が希少なアート作品を購入し、「アートコレクター」を称することで、自身の持つ富と教養を誇示しようとする光景が時折見られる。

彼らの中には「アートは経営に役立つ」「これからはアート思考の時代」などと主張する人がいるが、本当にアートがビジネスの役に立つならば、美大出身の起業家の起業成功率がもっと高いはずであり、この主張に対して筆者はやや懐疑的である。

補足

現代アートを自宅の壁に飾り、それをZoom画面上でチラつかせることで、「現代アートの本質的な価値を理解している自分」という印象を会議参加者に与える事例がコロナ禍以降急速に増えている。必要に応じて、取り入れてみるといいだろう。

アート愛好家マウントは「ニューヨークマウント」と相性が良く、

「アートの展示会でニューヨークに来ています。3年ぶりのニューヨークは少し肌寒い……」

などと組み合わされて用いられることが多い。

達観
philosophical mount
マウント

　物質的な価値観から脱却し、達観の境地に至ったことをアピールすることで、自身の精神的優位性をアピールする行為を「達観マウント」と呼ぶ。「達観マウント」を展開する人の多くは、「自分はすべて知っているぞ」と言わんばかりに世の中を俯瞰した感を見せつけ、冷笑的で悟った風の発言をしたがる傾向がある。しかし、実際には「達観した賢者な自分を認めてほしい」という欲求が透けて見えることが多く、単に承認に飢えているだけのケースも少なくない。

俗世解脱マウント

“最近、自分でも不思議なくらい
お金にも名声にもまったく興味がないんだよね。
いったいどうしたものか”

”最近、自分でも不思議なくらいお金にも名声にもまったく興味がないんだよね。いったいどうしたものか“

Recipe

「本当に大切なのはお金や名声ではなく内面の豊かさである」と語り、世間一般の価値観からの距離を一方的に見せつける

”人生の勝者は自分なりの幸せを見つけた人なんだな。ニューヨークでそんなことをずっと考えています“

Recipe

ニューヨークなどの海外都市を位置情報にタグ付けしたうえで、ありきたりな名言風のポエムをSNSで投稿する

”若い頃はブランド品を買いまくっていたけれど、今は家族との幸せな関係性だけで十分。充足感に包まれる日々に感謝“

Recipe

世俗的な価値観から脱却し自由になったことをアピールし、精神的な充足を手に入れた自分の姿を強調する

解説

「これまでは物質的な価値観ばかりを追求していたけれど、ようやく本当にやりたいことが見つかった」などと語り、資本主義的な価値観から脱却したことを誇るマウント。「物欲がない」「名声に興味がない」ことをやたらと強調する傾向がある。

「俗世解脱マウント」を展開する人の多くは、「ビジネスの世界の最前線を走り続けてきたけれど、今は資本主義システムそのものに疑問を感じる」などと述べ、自身の価値観の変化を周囲に語る傾向がある。中には、僧侶などに転身するケースも見られる。しかし、実際には資本主義的な煩悩から解放されておらず、しばらくするとビジネスの世界に戻ってくることが多い。

補足

最近では、ビジネスパーソンとしてのキャリアに限界を感じ、自分の能力と折り合いをつけるために、悟った風を装う「ファッション解脱」が増加していることも押さえておきたい。

「仕事よりも大切なものができた」

「子どもが生まれて価値観が変わった」

「あなたも子どもが生まれればわかるよ」

などと上から目線の発言が特徴的である。

インドマウント

“実際に経験しないとわからないと思うけど、
一度、インドに行ってみるといいよ。
人生観が根本的に変わると思うから”

”
実際に経験しないとわからないと思うけど、一度、インドに行ってみるといいよ。人生観が根本的に変わると思うから
“

Recipe

インドを訪れたことによって人生観が大きく変わったと主張し、自身の人生経験のユニークさを一方的に見せつける

”
ヨガの修行をインドでしてきたんだけど、自分の内面と向き合う時間がもたらす成長は本当に価値あるものだと思う
“

Recipe

本場インドのヨガを実践していることを披露し、自身の内面と向き合うことができるようになったことを誇らしげにアピールする

”
インド滞在中、物質的な概念に囚われずシンプルな生活を送る人々の姿を見て、自分の価値観が大きく変わったんだ
“

Recipe

物質的な豊かさよりも内面の充足を重視するインドの価値観を引き合いに出しながら、大きな精神的成長を遂げた自分の姿を強調する

解説

「インドに行ってから価値観が変わった」ことをやたらと強調し、インド旅行のエピソードをしつこく語るマウント。渡航した国の多さを競ったり、旅に関する知識の豊富さをアピールする自称・旅好きによっておこなわれることが多い。

インドマウントを展開する人の多くは、

「インドでの経験が私の人生観を大きく変えてくれました」

「インドの旅行中に出会った素晴らしい人々に本当に感謝しています」

などと語り、自身の内面の変化や精神的成長をやたらとアピールしたがる傾向がある。

補足

インド放浪経験を示すことで、自身の人間としてのバイタリティをアピールしようとするマウンティングが見られる。具体的には、

「インドのゲストハウスに泊まって1週間、1日の食事をキュウリだけで済ませた」

「インドのスラム街でマフィアに軟禁されかけたが、必死の交渉でなんとか事なきを

得た」

といった大袈裟なエピソードを披露し、自身が危機的状況に直面しても動じないタフな人間であることを強調するパターンが典型的である。

また、「インドの現地食を食べても水道水を飲んでも一度もお腹を壊さなかった」と述べ、自身の胃腸の強さを誇るマウントも時折見られる。必要に応じて、取り入れてみるといいだろう。

質素マウント

”
上場企業の経営者だった頃は接待漬けで
贅沢はやり尽くしたけど、結局、
ご飯と味噌汁が一番のご馳走だと思うんだよね
“

”上場企業の経営者だった頃は接待漬けで贅沢はやり尽くしたけど、結局、ご飯と味噌汁が一番のご馳走だと思うんだよね“

Recipe

上場企業の経営者だった過去をさりげなく示しながら、結局は質素な生活が一番の贅沢と思うに至ったことをアピールする

”服はシンプルなデザインが好きで、高価なブランド品は買いません。お金をかけずにおしゃれを楽しみたいですね“

Recipe

モノを持つことの虚しさに気づき、今は最低限のモノしか持たないようにしていると述べ、物欲から解放された自分の姿を強調する

”休日は家で瞑想をしたり、ヨガをしたりしています。精神的な充実を求めることがここ最近の私の志向ですね“

Recipe

物質的な豊かさよりも精神的な充足を重視する姿勢を見せ、自分がワンランク上の境地に到達したことを周囲に見せつける

解説

質素な生活を送っていることを強調し、「慎ましやかな自分」を演出することによって、ワンランク上の精神的な豊かさを享受していることをアピールするマウント。正反対の概念とされる「キラキラマウンティング」よりも傲慢で不遜に見える場合がある（例：「質素な朝ごはんが好き」とイクラをのせたご飯の写真をインスタにアップ）。

補足

「質素マウント」を展開する人の多くは、

「吉野家の牛丼が食べられれば、僕はそれだけで幸せ」

「今日もシンプルな食事を楽しんでいます」

などと語り、自身が質素な生活を送っていることをSNSなどで自慢げに投稿する傾向がある。また、所有するモノの少なさを強調し、「ミニマリスト」であることを誇らしげに語りがちである。いずれの場合においても、「質素な生活」とは相容れない上から目線の「マウント感」が醸し出されていることが少なくない。

屋久島マウント

"屋久島の縄文杉を見た時、
自分のちっぽけさに気づいて、
会社を辞めることを決意したんです"

”屋久島の縄文杉を見た時、自分のちっぽけさに気づいて、会社を辞めることを決意したんです“

Recipe

屋久島の縄文杉を見たことで自身の人生観が変わり、人生における重要な決断を下すことにつながったことをSNSで投稿する

”屋久島でのんびり過ごすのは、心が洗われる感覚がありますね。都会の喧騒から離れるのは、本当に癒されます“

Recipe

屋久島の美しい景色の写真や自分が知り得た洞察について持論を展開し、その体験がいかに特別なものであったかを強調する

”屋久島で出会った地元の人たちと交流できたのがうれしかった。彼らの暮らしや文化に深く触れることができたんです“

Recipe

一般的な観光客とは異なり、屋久島の地元の人たちと根付いて交流を楽しんでいる自分の姿を、周囲に対して一方的にアピールする

解説

屋久島を訪れ、その壮大さに圧倒されたことをやたらと強調するマウント。屋久島以外では、グランドキャニオンやナイアガラの滝といった世界の絶景スポットが同様の文脈で用いられることが多い。

「屋久島マウント」を展開する人の多くは、

「屋久島での体験が私に人生の意味を教えてくれた」

「屋久島を訪れたことで自分のちっぽけさに気づくことができた」

などと語る傾向がある。しかし、その内省的な発言とは裏腹に、彼らの表情は謎の万能感に満ちていることが多い。

補足

屋久島はパワースポットとして人気があり、スピリチュアル系の人たちの間で人気がある。彼らの多くは、

「屋久島の旅から帰ってきてから、私の生活習慣が根本から変わりました」

「屋久島の縄文杉を拝んでエネルギーチャージ。東京に戻って感じるのは心が芯から強くなっていること。《魂レベルの癒し》って本当に大切なんですね」

などと語り、アップデートされた自分の姿を周囲に対して一方的に見せつける傾向がある。

地方移住マウント

"地方移住してから、都会の喧騒を離れて
ストレスフリーな生活を楽しんでいます。
贅沢な時間をいただけて感謝です"

”地方移住してから、都会の喧騒を離れてストレスフリーな生活を楽しんでいます。贅沢な時間をいただけて感謝です“

Recipe

都会の喧騒から離れて、豊かな時間を過ごせていることを強調し、地方移住による生活の質の向上を周囲にアピールする

”地方移住後、地元の人たちと深いつながりができて、都会では味わえない人間関係を築くことができています“

Recipe

「地元の人たちとのつながりが自分の生活に新たな価値を与えてくれた」などと述べ、地元の人々との交流や地域貢献を強調する

”地方でのびのびと育った子どもは、都会で育つ子どもたちにはない自然と共生する感覚を持っていると思っています“

Recipe

地方で子育てをすることのメリットを一方的に語り、都会で子育てをするファミリーに対する優位性をさりげなく示す

解説

東京から地方に移住し、都会でおこなわれているような競争とは無縁の生活を送っていることをアピールするマウント。リモートワークが普及する中、社会全体で地方移住の流れが加速しており、それに伴って「地方移住マウント」も年々増加傾向にある。

地方移住マウントを展開する人の一部は、地方生活の素晴らしさを強調し、「いかに自分が素晴らしい選択をしたか」を声高に叫ぶ傾向がある。「東京のほうが食や文化などのあらゆる面で優れている」「住むなら絶対に都内だよ」といった主張に対しては、

「独身なら都内がいいでしょうね。まあ、子どもができたら考えが変わると思いますよ」

などといった形で、カウンターマウントパンチを浴びせるケースも見られる。

補足

移住先としては、軽井沢や鎌倉、葉山などが人気がある。ただし、こういった地方移住は、「田舎暮らし」というよりは「金持ちの道楽」であるとの指摘がある。

また、居住地域によって厳格なヒエラルキーが存在し、東京と変わらぬ「マウンティング合戦」が繰り広げられているという意見もある。

東京から地方移住した人の中には、東京のことをSNSなどでやたらと否定する「東京disマウント」を頻繁に繰り返す人が存在する。

「東京で一流と言われるお寿司屋さんに行ってきました。こんなこと言っていいかわからないのだけど、移住先の福井のお寿司のほうが圧倒的に美味しい。素材の味が福井で食べる時のほうが感じられる。美味しい魚が手頃な値段で食べられる福井はやっぱり最高！　移住して本当に良かった！　とあらためて実感しました」

移住先の生活に本当に満足していたら、このような投稿はしないはずであり、心のどこかで移住したことをじつは後悔していたり、移住先の生活になんらかの不満があるからこそ、彼らの多くは言い聞かせるように「自分は素晴らしい選択をした」という発言を繰り返すのだと考えられる。

虎の威を借る

authority mount

マウント

　権威性の高い存在との関係性を示すことによって、自身の価値をアピールする行為を「虎の威を借るマウント」と呼ぶ。「虎の威を借るマウント」を展開する人の多くは、権威ある組織や団体に所属したり近い関係にあることをアピールすることによって、自分自身が世間から高く評価される人物であることを示そうとする。

自民党呼び出しマウント

"申し訳ありません、
自民党から呼び出しをくらってしまいまして、
お先に失礼させていただきます"

申し訳ありません、自民党から呼び出しをくらってしまいまして、お先に失礼させていただきます

Recipe

会食の最中に自民党の議員から呼び出されたことを明らかにし、自分が特別な立場にあることを示唆する

先日、自民党主催のイベントである議員さんとお話しさせていただく機会がありました。本当に気さくで良い方でした

Recipe

自民党のイベントや会議の写真をSNSで投稿しながら、自民党関係者と交流する自分の姿をさりげなく見せつける

最近、政治にも関心が出てきてね。自民党から最近出馬した友達がいろいろと教えてくれるから、なかなかおもしろいんだよね

Recipe

自民党から最近出馬した友人の話を出すことで、自身の政界における人脈の豊富さを一方的にアピールする

解説

我が国における政権与党である自民党から「呼び出し」を受けたことを誇るマウンティング。

「自民党の有識者会議に呼ばれた」
「自民党に政策提言すべく、永田町に行ってきた」

などと、ＳＮＳで自慢げに報告することが特徴。

「自民党呼び出しマウント」を展開する人の多くは、「日本の未来のため」といった壮大なビジョンを掲げたがる傾向があるが、本音では自身のマウンティング欲求を満たすことを第一に考えていることが多い。

補足

最近ではスタートアップ界隈でもロビイングを重視する流れが生まれており、それに伴い、自民党に呼び出されたことを報告するＳＮＳ投稿が増えている。たとえば、「中央集権システムは時代遅れ」

などと主張するWeb3起業家が、「これから国会議員の先生に向けてステーブルコインについてレクチャーしてきます」などとSNSで投稿するケースが見られる。

フォーブスマウント

“フォーブスで新たに連載を担当します。
日経の連載でお腹いっぱいなのに、
またオファーを受けてしまった……”

"フォーブスで新たに連載を担当します。日経の連載でお腹いっぱいなのに、またオファーを受けてしまった……"

Recipe

フォーブスという権威性の高いメディアで自身の連載が始まることをSNSで告知し、周囲のビジネスパーソンとの差別化を図る

"僕が書いた記事が、なぜか○○（大手企業）の経営幹部の間で話題らしい。フォーブスの媒体としての強さは圧倒的だなあ"

Recipe

フォーブスで執筆した記事がエグゼクティブの間で話題であることを示し、自身の影響力の大きさをさりげなく見せつける

"昨日はフォーブスが主催するアニュアルパーティに参加してきました。とても刺激的な会で大変有意義でした"

Recipe

限られたエリートしか参加できないフォーブス主催のパーティに参加した事実をSNSで報告し、自身が特別な立場にあることを強調する

解説

一流経済誌『Forbes』の日本版である『Forbes JAPAN』に自身が寄稿したもしくは取材された記事が掲載されたことをアピールするマウント。Web媒体ではなく紙媒体のほうがマウント力が高いとされており、紙媒体に掲載されたことをやたらと強調するケースがベンチャー界隈の一部で見られる。

同様の意味合いで、Forbes JAPANが主催するイベントに招待されたことをSNS上で報告する投稿が時折見られる。

補足

スタートアップの世界では、「Forbes JAPAN 30 UNDER 30」に選出された起業家のことを賞賛する風潮が一部見られるが、こういった「日本を変えるスタートアップ」に選出された企業の業績はなぜか以降伸び悩むケースが少なくない。その因果関係についてはまだ解明されていない。

ゴールドマンマウント

”ゴールドマン・サックス時代の
上司が教えてくれたのは、
徹底したプロフェッショナル意識と
顧客本位の姿勢でした“

“ゴールドマン・サックス時代の上司が教えてくれたのは、徹底したプロフェッショナル意識と顧客本位の姿勢でした”

Recipe

ゴールドマン・サックス出身であることを会話の中で自然にほのめかし、自身の経歴をさりげなくアピールする

“ゴールドマン・サックスに内定したのですが、決断力がなく、入社すべきかどうか悩んでいます”

Recipe

入社難易度の高いゴールドマン・サックスに内定したことをさりげなく示唆し、自身の優秀さを見せつける

“彼氏がゴールドマン・サックスで働いているんだけど、毎日夜遅くまで働いていて、なかなか会えないんだよね”

Recipe

彼氏がゴールドマン・サックスで働いていることを示し、自分がエリートから選ばれる特別な存在であることを示唆する

解説

世界屈指の投資銀行として知られるゴールドマン・サックス出身であることをさりげなく示すことで、自身の優秀さをアピールするマウント。あからさまにゴールドマン・サックス出身であることを自慢するのではなく、

「GSのジュニア時代は、働きすぎて体が弱るとすぐに胃腸炎になっていました」

などと、話の流れの中で自然に前職の話題になるように仕向けることがポイント。

三菱商事やマッキンゼーと並び、ゴールドマン・サックスはモテ度でも国内最高の水準を誇る。そのため、「彼氏がゴールドマンで働いているんだけどー」と自慢げに語る女子も少なくない。しかし、彼氏が非イケメンの場合、彼女たちの多くは彼氏の写真を見せることを極端に躊躇する傾向がある。

補足

「実家で写真を整理していたら、ゴールドマンの入社研修でニューヨークに集まった時の記念写真が出てきました」

などと語り、自身がゴールドマン・サックス出身であることを定期的にリマインドするケースもSNS上で時折見られる。

霞ヶ関マウント

“経済産業省の講演で仕事納め！
日本の中枢を担う皆様のお役に立てることに
心から感謝したいと思います”

”
経済産業省の講演で仕事納め！　日本の中枢を担う皆様のお役に立てることに心から感謝したいと思います
“

Recipe

官公庁から講演を依頼される立場であることを示し、自身が当該分野における第一人者であることをアピールする

”
デジタル庁ができても、霞ヶ関の膨大なExcel日程表は変わる気配がない。これに書き込むだけでひと苦労ですよ
“

Recipe

霞ヶ関の「超アナログ体質」を嘆きつつ、官公庁との強固なネットワークを示すことで、自身の存在価値を強調する

”
昨日ある政策に関する会議で非常に興味深い議論が交わされました。霞ヶ関の方々とのつながりは私の大きな財産です
“

Recipe

霞ヶ関の建物や会議の様子をSNSで投稿することで、自身が官公庁に関連する仕事に携わっていることをさりげなく見せつける

解説

日本という国家の中枢である霞ヶ関とのネットワークを示すことで、自身の影響力の大きさをアピールしようとするマウンティング。国家公務員試験に合格できず、官僚になることをあきらめざるをえなかった人がやりがちなマウントとの指摘がある。

霞ヶ関マウントを展開する人の多くは、霞ヶ関に仕事で訪れていることを示すために、建物内の中華料理屋の名前をSNSで位置情報にタグづけながら、「2号館に来るのは久しぶりだなあ」などとつぶやく傾向がある。

補足

マウンティングの文脈において、霞ヶ関では見えざる「省庁間格差」があるとされる。実際、農水省や文科省は、財務省や経産省といった省庁と比べて、マウント力の観点で劣後すると言われることがある。また、官僚にも「キャリア官僚」と「ノンキャリア官僚」の区別があり、ママ友内でのマウント合戦の争点になることがある。

霞ヶ関には特有の「霞ヶ関文学」が存在する。「霞ヶ関文学」についてそれっぽく語ることで、自身が霞ヶ関の内情について深く理解していることを見せつけるケースがある。

著名人と知り合いマウント

"○○さん、本当に気さくで良い方ですよね。
ありがたいことに、先日もランチを
ご一緒させていただきました"

”○○さん、本当に気さくで良い方ですよね。ありがたいことに、先日もランチをご一緒させていただきました“

Recipe

著名人と日常的に交流している事実を示すことで、自分が著名人と対等にわたりあえるレベルの人物であることを示す

”○○さん、そんなに怖いかなあ？　飲みに行ったら、普通に気の良いおじさんでしたけどね“

Recipe

界隈で「怖い」と恐れられている経営者と親しくしていることを見せつけ、大物から可愛がられている自分の姿を強調する

”テレビで見た時の印象と異なるかもしれませんが、○○さん、とても寡黙な方で、私も最初はびっくりしました“

Recipe

世間一般ではあまり知られていない著名人の裏情報を語ることで、自分がそれらの情報を知る特別な立場にあることをアピールする

解説

著名人と知り合いであることを強調し、自身の交友関係の広さを自慢するマウント。「普段からお世話になっている〇〇さんとランチ！」とSNSに投稿して自身の人脈の広さをアピールしたり、「この後、〇〇さんと会うんでー」「〇〇さんとのやりとり、全部LINEなんですよ」などと述べるのが典型的なパターン。〇〇に該当する著名人としては、元サッカー日本代表の本田圭佑氏や元フェンシング日本代表の太田雄貴氏といったスポーツ選手が用いられることも多い。

彼らの多くは、知り合いの著名人のスキャンダルなどが発覚した際には、ここぞとばかりに「〇〇さん、いろいろ言われているけど、めちゃくちゃ良い人よ？」などと知り合いをかばっているように見せかけつつ、自身の交友関係の広さをひけらかす傾向がある。

補足

「彼氏の同僚の友人の友人が〇〇（著名人）と知り合い」などという、つながりとも言えないつながりを強調するケースも見られる。

Column

残念なマウント10選

承認欲求が人一倍強いのに、
その裏ではじつは自分に自信がなくて不安でたまらない。
自尊心を保つことができず、
努力して自分の価値を上げることもできない。

……そんな人がやりがちなマウントのことを「残念なマウント」と呼ぶ。

産院マウント

出産病院の“格”の高さでママ友コミュニティ内でのポジショニングを競い合うマウント。

「私は愛育病院で出産しましたけど、どちらで出産しました？」

といった形で使われることが多い。
産院で出される食事の写真をSNSにアップし、その豪華さを自慢しあう「産院飯マウント」もよく見られる。
似た文脈の事例として、ベビーカーのブランドを自慢しあう「ベビーカーマウント」も押さえておきたい。

前職マウント

大手企業勤務という「輝かしい経歴」を捨てたことを強調するマウント。知名度のないベンチャー役員がやりがち。彼らの多くは、インタビューなどで

「○○で働いてたんですけど、安定した立場に甘んじていたらダメだと思って～」

と、やたらと前置きを長く述べる傾向がある。一方、現在の仕事内容については言及することを極度に避けたがることが多い。

元カレマウント

元カレのスペックを使って、女性としての価値を示そうとするマウント。結婚適齢期のアラサー女子がやりがち。元カレという他者に自身の価値を委ねているという点で、残念なマウントの典型例と言える。

類似の事例として、外国人男性と付き合った経験を自慢する「元カレ人種マウント」がある。こういった女性の多くは、結婚後は「旦那マウント」「子育てマウント」をおこないがちである。

調達マウント

調達金額や調達先の“格”の高さで自社の価値を示すマウント。承認欲求強めな一部のスタートアップ起業家がやりがち。それほど資金需要のない場合でも資金調達したがる起業家が少なくなく、資金調達ではなく権威調達になっているケースも散見される。売上や利益こそが企業が追うべき経営指標であり、そもそも調達金額でマウントを取り合うことは本末転倒と言えるが、最近では「資金調達額」ではなく「累計資金調達額」でマウントを取ろうとするケースも増えているようだ。

スタートアップ起業家がやりがちという点で類似のマウント事例としては、社員数の多さを競い合う「社員数マウント（例：「1年後に100人の組織にします」とＳＮＳで一方的に宣言）」や、東洋経済が発表する特集「すごいベンチャー100」に選出されたことを誇る「すごいベンチャー100マウント」などが挙げられる。

婚約指輪マウント

婚約指輪のブランドで、自身の女性としての価値の高さを証明しようとするマウント。高年収エリートビジネスパーソンと婚約した一部の女性がやりがちとの指摘がある。

マウントに用いられるブランドとしては、ハリー・ウィンストンが最も一般的である。しかし、アメリカのブランドであり歴史が浅いという観点から、ヴァンクリーフ＆アーペルやショーメといったフランスのブランドをよりマウント上位とする考え方もある。

ブランドの“格”で優劣に差がつかない場合、ダイヤのグレードや大きさがマウントの争点となる場合が多い。

伴走マウント

起業家の「伴走者」であることを強調しつつ、定例会でマウント気味にアドバイスを送るマウント。実績のない一部の若手ベンチャーキャピタリストがやりがちとの指摘がある。やたらと「ハンズオン支援」を強調したがるが、起業家の立場からすれば、シンプルに対応に工数を取られるだけの場合がほとんどである。

英才教育マウント

異常な熱量で子どもに教育機会を提供しようとするマウント。学歴コンプレックスを抱えた一部のセレブママがやりがち。「子どもの将来のために」と大義名分を振りかざすが、実際は単なるママ友内でのマウンティング合戦であることが多い。英会話、プログラミング、バイオリンなどがよく利用される。

登壇マウント

業績が低迷しているにもかかわらず、目の前の課題に向き合わず、自己顕示欲を満たすためにイベント登壇をおこなうマウント（例：「登壇が今週3つあって、資料作成に追われています」)。タレント気取りの一部の経営者がやりがちで、いかに自分が大物と一緒に登壇したかどうかをアピールする傾向がある。

メディアに露出すると、人材採用に多少有利になる場合もあるにはある。しかし、承認欲が事業欲を上回ると非常に危険である。

帰国子女マウント

自身が帰国子女であることを誇るマウント。

「私の HOME はニューヨーク」
「日本語よりも英語のほうが楽」
「日本は閉鎖的」

といった海外かぶれの発言が印象的。海外に数年くらいしかいなかった人ほどやたらと帰国子女ぶる傾向があると言われている。

内定辞退マウント

就活でだれもが羨む難関企業から内定を得たが、あえて「辞退した」「蹴った」と武勇伝のように語り続けるマウント。一部の中年ビジネスパーソンがやりがち。

類似の事例として、「三菱商事の最終面接まで行ったんだけど」などと主張する「最終面接到達マウント」が挙げられる。また、「東大に1点差で落ちた」ことを強調する「東大1点差不合格マウント」も派生する事例として押さえておきたい。

第2第

武器としてのマウンティング術

〜人と組織を巧みに動かす、さりげない極意〜

一流のエリートが駆使する「ステルスマウンティング」5大頻出パターン

通常のマウンティングは、自身の能力や地位を誇示するためにおこなわれることが多く、だれもがその背景にある意図を容易に理解できるものだ。一方、「ステルスマウンティング」は、一見するとそれがマウンティングであるとわかりづらい点に大きな特徴がある。対人コミュニケーションにおいて、ステルスマウンティングは極めて重要なスキルである。ステルスマウンティングを活用することで、自身の能力や地位を自然な形で相手に対して示すことができる。

ステルスマウンティングは、ビジネスパーソンの中でも特にエリート層によって用いられる手法である。彼らの多くは、絶え間ない自己アピールが求められる厳しい環境下に身を置いている。そのため、ステルスマウンティングを活用し、自身の能力や成果をさりげなくアピールすることで、他者との差別化を図る必要があるのだ。

実際にステルスマウンティングをおこなう際には、相手が話しているトピックに関する自身の成果や知見などをさりげなくアピールすることが重要なポイントとなる。ここでは、エリートが活用するステルスマウンティングをいくつかのパターンに分類したうえで、特に押さえるべき事例を解説していく。

自虐マウンティング

自虐マウンティングとは、自分を卑下する言動を通じて、相手に対する優位性をアピールしようとするコミュニケーション手法のこと。一見すると自虐的な態度を取っているように見えるが、実際にはそれを通じて自身のほうが立場的に上であることを示そうとすることが特徴である。

模範例文

「年収1億円稼いでも、ほとんど税金で召し上げられるわけで、国のためにボランティアで働かされているようなもんだよ。もちろん、海外移住を考えたことは何度もあるけど、自分は日本が好きだし、この国の未来に貢献したい気持ちも強いからね」

解説

「国のためにボランティアで働かされている」と自虐しながら、自身の年収の高さをさりげなく見せつけることに成功している。サラリーマンの間では額面年収が「ビジネス戦闘力」と捉えられることが多く、こうした「年収マウンティング」がおこなわれがちである。

模範例文

「昨年発売された私の3冊目の書籍『○○○』の一文が○○大学の現代文の試験問題に使われているようです。このこと自体はとてもうれしいのですが、著者なのに肝心の答えがわからないという……。一体どうしたもんですかねえ」

解説

書籍の著者であるという事実だけでもマウント的には相当パワフルだが、それに加えて、「自身の著作が大学入試の試験問題に使用された」ことを自虐的な表現とともに示すことで、自分が特別な立場にあることをアピールすることに成功している。

模範例文

「2日で23ミーティング……会議ばかりで自由な時間が全然ない……毎日カレンダーにバンバン会議がセットされてしまう。部下が15人にもなると定例の1on1も増えるし、自分の処理能力の低さが本当に嫌になる。みなさんはどうやって対処されていますか？」

解説

「自分の処理能力の低さが本当に嫌になる」と自虐気味に嘆きながら、社内の人々から頼りにされている自身の姿をうまくアピールしている。マネジメントしている部下の人数の多さをさりげなく見せつけている点も隠れたポイントである。

模範例文

「ヨーロッパ出張の時差ボケが抜ける間もなく、役員からロサンゼルスへの帯同を打診され、なかなか大変な状況に陥っています。もうオジサンですし、この年齢になると体力の回復にも時間がかかります。みなさんは、どうやって体調管理されていますか？」

解説

自分のことを「オジサン」「体力の回復にも時間がかかります」と自虐しつつも、役員から頼りにされている姿を「大変な状況に陥っている」と嘆きながら見せつけることに成功している。嫌味っぽくならないように、周囲にアドバイスを求める形で発言を締めくくっている点も巧みなポイントである。

模範例文

「友人のススメでビットコイン投資を始めてみたのですが、昨日ひさしぶりに口座を見てみたら、『1億円の含み損』で吐きそうです。自分の投資センスのなさが本当に嫌になります……」

解説

「自分の投資センスのなさが嫌になる」と嘆きつつ、「1億円の含み損」という事実を「吐きそう」という表現を用いて自虐気味に語ることで、自身の金融資産が1億円を優に超える水準であることをさりげなく示すことに成功している。

感謝マウンティング

感謝マウンティングとは、相手に感謝している素振りを見せつつ、自身の優位性をさりげなく見せつけるコミュニケーション手法のこと。「マウント文言」に感謝の要素を付け加えるだけでマウント感をうまくカモフラージュすることができるため、マウンティング初級者に好まれる傾向がある。

模範例文

「本年は、結婚・出産・転職とさまざまなイベントがありましたが、すべてトラブルなく進めることができました。支えてくださったみなさまのおかげです。あらためて感謝申し上げます」

解説

年末年始のSNS投稿でよく見られる、女性特有のマウント。周囲の人々への感謝を述べながら、女性にとって重要とされるイベントをやり遂げたことを示し、自身の女性としてのある種の優位性をアピールすることに成功している。

模範例文

「奥さんに言われて気づきましたが、前職のマッキンゼーの最終出社日からはや1年。超絶激務の大変な世界ではありましたが、最後は拍手で送り出してくれる温かさもある素晴らしい会社でした。育ててくれた上司や同僚に感謝したいです」

解説

自分を育ててくれた前職の上司や同僚に感謝の意を示しつつ、世界屈指の名門企業・マッキンゼー出身であることをさりげなくアピールすることに成功している。「奥さんに言われて気づきましたが」と愛妻家であることを匂わせている点も優れたポイント。

模範例文

「髪を切りに行くと、いつも店員さんから『髪が多いですね』って言われます。この年齢になってそうなのは、両親に感謝ですね」

解説

年齢のわりに髪の毛がフサフサな中年男性がやりがちなマウント。「両親への感謝」を使ってカモフラージュすることで、自身の毛髪量の多さを嫌味なく周囲に見せつけることに成功している。

模範例文

「なんと……100ヵ国以上を旅する中で『地球の歩き方』にどれだけ助けられたことか……出版事業はすでに学研プラス社に譲渡済みとのことなので、最悪の

事態は免れたか……」

解説

「どれだけ助けられたことか」と感謝の意を示しながら、100ヵ国以上に旅行した事実を示すことで、自身の経験の豊富さを披露することに成功している。わざとらしいくらいに「なんと……」とショックを受けている様子を醸し出すのがポイント。

模範例文

「また新たに素晴らしいスタートアップ企業に出資させていただきました。仲間に入れていただいて本当に感謝です。改めてこういう機会をいただけることはありがたい限りで、引き続き自分の能力・人格を磨き続けないといけませんね」

解説

「仲間に入れていただいて本当に感謝です」と述べつつ、優良なスタートアップ企業にエンジェル投資できる自分の財力と特権的な立場をさりげなくアピールすることに成功している。「引き続き自分の能力・人格を磨き続けないといけない」と最後に謙虚に締めくくっている点も隠れたポイントである。

困ったマウンティング

困ったマウンティングとは、困った感じを出しつつ、自分が他人よりも優位な立場にあることをアピールするコミュニケーション手法のこと。マウンティングしている事実をうまくカモフラージュすることができるため、マウンティング上級者に好まれる傾向がある。

模範例文

「小6の息子がPythonが得意で高校レベルまで完了したんですが、この後のカリキュラムがないそうで、どうすればいいか困っています。本人もプログラミングが大好きで、好きを極めて突き抜けてがんばってほしいんですが、一体どうやって学習させていけばいいんだろう」

解説

「小6の息子に対応するカリキュラムがない」と困っている様子を見せつつ、自分の息子がいかに優秀な頭脳を持っているかを示すことに成功している。最後に周囲にアドバイスを求めるような雰囲気を醸し出して締めていることも重要なポイントである。

模範例文

「書籍執筆が思うように進んでおらず、途方にくれています。こりゃ、担当編集

者さんに怒られちゃうなあ……」

解説

「執筆が進んでいない」「編集者さんに怒られちゃう」と嘆くフリをしながら、人々から一目置かれる作家という立場であることをさりげなく示すことに成功している。

模範例文

「明日、ホリエモンこと堀江貴文さんと対談する予定なのですが、何を話せばいいのかマジでわからん。あー困った困った」

解説

「対談で何を話していいのかわからない」と困った風を装いながら、日本中のだれもが知るホリエモンという著名人と対談をおこなう予定があることを示し、自分が特別な立場の人間であることをさりげなく示すことに成功している。

模範例文

「夫が海外出張ばかりで子育てを手伝ってくれなくて困っています。みなさんはどうやって仕事と子育ての両立を図っていますか？」

解説

「夫が子育てを手伝ってくれなくて困っている」と嘆きつつ、自身の旦那が海外に頻繁に出張するグローバルなビジネスパーソンであることをさりげなく誇っている。

模範例文

「インド人の英語が全然聞き取れなくて困っています。だれか通訳をお願いできないでしょうか。切実に悩んでいます……」

解説

インド人特有のアクセントの英語が聞き取れなくて困っていると語りつつ、国際的な職場で働いている自身の立場をさりげなくアピールすることに成功している。

謙遜マウンティング

謙遜マウンティングとは、自身の能力や地位に対して謙遜しているフリを見せつつ、実際には相手に対して優位な立場に立とうとするコミュニケーション手法のこと。自分自身をあえて過小評価する言動で相手に対して謙虚な印象を与えながら、自身の優れた点をさりげなくアピールすることが特徴である。

模範例文

「相変わらず吹けば飛ぶような零細企業ですが、無事に3期目を終えました。売上・利益ともに好調で、来期は売上100億円を視野に入れながら、気を引き締めて頑張ってまいります」

解説

自身が経営する会社のことを「吹けば飛ぶような零細企業」と謙遜気味に語りつつ、「来期は売上100億円を視野に入れながら」とかなりの売上規模に達していることをさりげなくアピールしている。

模範例文

「ひさしぶりに英語でミーティングしたら、全然喋れなくなっていて焦りました。イチから英語を学び直したいと思いますので、良い英語学習アプリなどあり

ましたら教えていただけると幸いです」

解説

「英語が全然喋れなくなっていて焦りました」「イチから英語を学び直したいと思います」と謙虚な態度を示しつつ、本来的には英語を流暢に話せることをさりげなく示している。

模範例文

「株式投資を20年以上やってきて、これまでに累計20億円以上は儲けさせてもらいました。けれど、いまだに株は難しいなと感じます」

解説

「いまだに株は難しい」と謙虚な姿勢を示しながら、これまでに累計20億円以上を稼いだことを披露し、自身の能力の高さをアピールすることに成功している。

模範例文

（インスタのプロフィールで）岐阜から上京した普通の大学生😺
○○プロダクション所属😺ミスユニバース2020😺CamCam Girl

解説

プロフィールで「普通の大学生」と謙遜することで、「私は普通の大学生じゃないのよ」と示すことに成功している。

模範例文

「今から現役東大生に対して、起業についてのレクチャーをするのだけど、僕ごときで何を伝えられるのだろうかと考えてはや数時間」

解説

「僕ごときで何を伝えられるのだろうか」と謙遜しつつ、自分は我が国の未来を背負う東大生に起業についての講義を任せられた立場の人間なのだとアピールすることに成功している。

無自覚マウンティング

無自覚マウンティングとは、自分がマウンティングしていることに気づかず、自覚なく相手に対して優位性をアピールしてしまうコミュニケーション手法のこと。本人からすれば「マウンティングしている」という自覚はないが、実際には相手に対して「上から目線感」を与えてしまっていることが大きな特徴である。

模範例文

「新卒で入社したマッキンゼーではまったく通用せず、本当に大変でした。毎日午前3時まで働いても、時間がかかるばかりで、満足なパフォーマンスを一向に発揮できない。結果、完全に挫折して、逃げるようにしてハーバード大学に留学したんです」

解説

「マッキンゼーで通用しなかった」「逃げるようにハーバードに留学した」などと謙遜を含ませた言い方をしているが、それによって、一般レベルとはかけ離れた能力の持ち主であることを明らかにしてしまっている事例。「結果的にマウンティングになってしまった」という無自覚マウンティングの典型例と言える。

模範例文

「ハーバードに合格したときも、司法試験に合格したときも、これで人生『あがった』と思ったけど、全然、そんなことなかった」

解説

ハーバードに合格しても司法試験に合格しても人生は「あがり」ではなかったと自省的な発言をしているが、それによって、並外れた頭脳の持ち主であることを結果的に披露してしまっている。

模範例文

「現代文って、一体何を勉強するんですか？　そもそも、本文に答えが書いてあると思うので、そのまま回答するだけだと思うのですが」

解説

自身の国語力を自覚しておらず、「現代文の勉強に注力する知人の行動が理解できない」と述べ、結果的にマウントになってしまっている。

「マウントする」ではなく「マウントさせてあげる」が超一流の処世術
～おすすめ「マウンティング枕詞」11選

対人コミュニケーションを図るうえで、「ステルスマウンティング」はあらゆるビジネスパーソンにとって強力な武器となりうるスキルである。一方で、ビジネスシーンにおいて良好な人間関係を構築するうえでは、より重要度の高いスキルがある。それは、「マウントさせてあげて、相手のメンツを立てることで、自分の味方になってもらう」方法である。

「マウントさせてあげる」ことによって、十分な敬意を示すことができれば、相手は自分に対してポジティブな印象を抱いてくれるようになる。人間という生き物は、自分に好意を示してくれる人や自分という存在を丁重に扱ってくれる人に対しては、攻撃しづらいものなのだ。

では、適切な形で「マウントさせてあげる」ためには、具体的にどのようなやり方が考えられるのだろうか。最も効果的と思われる方法の1つは、発言の冒頭に適切な「マウンティング枕詞」を加えることだ。以下におすすめのマウンティング枕詞を「共感型」「尊敬型」「謙遜型」に分類したうえで、紹介していく。

共感型：相手の意見やアイデアに同意する態度を示す

① まさに〇〇さんの仰るとおりでして、

ミーティングの際に相手の発言に対して、「まさに〇〇さんの仰るとおりで」と前置きしてから持論を述べる方法。「自分の発言に同意を示しているこの人は自分の味方に違いない」と相手が認識（≒誤認）してくれるため、議論をスムーズに進めやすくなる。

前置きで相手に対してマウントポジションを提供することがこのテクニックの本質であり、その後に続く内容についてはある意味どうでもよく、特に気にする必要がないという点で非常に便利な方法である。

使用例

「まさに〇〇さんの仰るとおりでして、社員のモチベーション向上には組織風土の根本的な改善が欠かせないと考えております」
「まさに○○さんの仰るとおりでして、この製品の品質向上には新たなテクノロジーの導入が必要不可欠だと考えております」
「まさに○○さんの仰るとおりでして、私たちはこのプロジェクトに取り組む際に顧客の利益を最優先に考えるべきだと考えております」

②その点については私もまったく同感です

「その点については私もまったく同感です」と前置きしてから持論を述べることで、議論をスムーズに進めやすくする方法である。冒頭に「まさにまさに」といった言葉を付け加えると威力が増す場合があるので、必要に応じて活用するといいだろう。

使用例

「その点については私もまったく同感です。マーケティング戦略の成功には徹底的な市場調査が欠かせませんよね」

「その点については私もまったく同感です。働き方改革の推進には組織全体での意識改革が必要だと考えています」
「その点については私もまったく同感です。チームワークを強化するためには、コミュニケーション能力の底上げが重要なんですよね」

③仰ることは論点として極めて重要だと考えております

会議でトンチンカンな意見を述べてきた上司をスルーしつつ、議論を前に進める際に使える前置きフレーズ。「論点として極めて重要である」と言われているため、相手としてもこちらの意見に耳を傾けやすくなる。類似の事例としては、

「論理的には非常に正しいと思うのですが」
「極めて正論ではあるとは思うのですが」
「それは本当に良い論点ですが」

などが挙げられる。

使用例

「仰ることは論点として極めて重要だと考えておりますが、一方で、従業員の福利厚生を改善するためにも、会社の収益性を向上させる策を検討すべきと考えています」

「仰ることは論点として極めて重要だと考えておりますが、一方で、社内の雰囲気を良くするためには、コミュニケーションスキルの向上が必要不可欠と考えております」

「仰ることは論点として極めて重要だと考えておりますが、一方で、イノベーションのスピードを加速するためには、研究開発への投資を増やすことが何よりも必要なことだと考えております」

尊敬型：相手の経験やスキルに対して尊敬している態度を示す

①こんなことを〇〇さんの前で申し上げるのは釈迦に説法ですが、

「釈迦に説法」という言葉は、「それは釈迦に説法だよ」とだれかをたしなめる際に用いられることがある。一方で、目上の人に対して恐縮・謙遜しながら何かを提案する際に使われることもあり、その意味でマウントポジションを提供する際に有効に働く場合がある。

「釈迦に説法」――この言葉を冒頭に持ってくるだけで、相手は魔法にかかったかのようにあなたの意見や提案に耳を傾けてくれるようになるだろう。

使用例

「こんなことを〇〇さんの前で申し上げるのは釈迦に説法ですが、このプロジェクトの成功には社員全員の協力が絶対的に必要だと思います」

「こんなことを〇〇さんの前で申し上げるのは釈迦に説法ですが、我々はこの新製品の品質向上に注力すべきだと思います」

「こんなことを○○さんの前で申し上げるのは釈迦に説法ですが、この企画の成功にはより明確なロードマップが必要だと考えています」

② いただいたご指摘を踏まえ、改めて考え直してみたのですが、

プライド高めな上司に対して、自分の提案を通す際に使えるフレーズ。「いただいたご指摘を踏まえ、改めて考え直してみたのですが」という前置きを冒頭に持ってくることで、「私はあなたの意見を重視していますよ」「あなたに対して私は忠実ですよ」ということを示しつつ、議論を進めたい方向に誘導することができる。

使用例

「いただいたご指摘を踏まえ、改めて考え直してみたのですが、このプロジェクトには新たな視点からのアプローチが必要かもしれません」
「いただいたご指摘を踏まえ、改めて考え直してみたのですが、社員のモチベーション向上のために、福利厚生により注力すべきだと思います」

「いただいたご指摘を踏まえ、改めて考え直してみたのですが、我々の経営戦略にはもっとユーザー視点を取り入れるべきだと思います」

③ この点については○○の専門家である○○さんに伺いたいのですが、

相手を専門家としてみなしていることを意図的に示すことで、相手のメンツを立てるテクニック。会議や商談の場面で主導権を握りたい場合に有効である。

類似の事例としては、次のものが挙げられる。

「○○のプロである○○さんからすれば当たり前の話なのかもしれませんが」

「○○さんのような国際的な感覚をお持ちの方からすれば当たり前の話かもしれないのですが」

使用例

「この点についてはＤＸの専門家である○○さんに伺いたいのですが、新製品の販促に関してどのような戦略が効果的だとお考えですか？」

「この点については財務の専門家である○○さんに伺いたいのですが、今後の予算配分について、何か具体的な提案はありますか？」

「この点については人事の専門家である○○さんに伺いたいのですが、社員の意欲を向上させる方法にはどのようなものがありますか？」

④○○さんの洞察の深さには及ぶべくもありませんが、

「及ぶべくもない」は、「及ぶはずがない」の意味。「私とは比較にならないほどあなたの洞察力は優れている」ということを明示的に伝え、相手の洞察力に対して最大限に敬意を払うことによって、相手のメンツを立てるテクニック。商談において、自分の意見を通すための下地をつくる際に有効な枕詞と言える。

使用例

「○○さんの経験と洞察の深さには及ぶべくもありませんが、今回の財務計画については長期的な視野で見直すべきだと私は考えています」
「○○さんの経験と洞察の深さには及ぶべくもありませんが、新技術の導入の前に現状の技術基盤の強化から始めるべきだと考えています」
「○○さんの経験と洞察の深さには及ぶべくもありませんが、本件については私たちはもう少しリスク管理に注視すべきだと考えています」

⑤○○を成功に導いた経験をお持ちの○○さんにご意見を伺いたいのですが、

相手の成功体験に対して敬意を示し、「私はあなたの実績を高く評価していますよ」という認識を明らかにすることによって、有意義な意見を引き出すテクニック。部門横断型の全社プロジェクトなどで他部署のキーマンを押さえる際に効果的な枕詞である。

使用例

「大規模なマーケティングキャンペーンを成功に導いた経験をお持ちの○○さんにご意見を伺いたいのですが、今回のプロモーション戦略についてどのようにお考えでしょうか？」

「ITシステムの移行プロジェクトを成功に導いた経験をお持ちの○○さんにご意見を伺いたいのですが、我々の技術的課題に対する解決策について、何かアドバイスはありますか？」

「組織再編のプロジェクトを成功に導いた経験をお持ちの○○さんにご意見を伺いたいのですが、私たちの現状のアプローチについてどのようなお考えをお持ちですか？」

謙遜型：相手から学ぶことがある、もしくは自分に至らない点があると認める態度を示す

①門外漢なもので大変恐縮ですが、

自分自身を「門外漢」と称することで、相手が「専門家」であることを強調するテクニック。「門外漢なもので大変恐縮ですが」「素人質問で恐縮ですが」などといった枕詞を会話

の冒頭に持ってくることで、「私は素人であり、専門家であるあなたに教えを請う立場であることを理解しています」というスタンスを強調することができるため、議論をスムーズに進めやすくなる。

ただし、「素人質問で恐縮ですが」については、状況次第では皮肉っぽい言い方になってしまう場合もあるため、注意が必要である。

使用例

「門外漢なもので大変恐縮ですが、今回のマーケティング戦略について、もう少しユーザー視点を強調したほうがいいのではないでしょうか？」

「門外漢なもので大変恐縮ですが、この技術的な問題に対する解決策について、ほかにも選択肢はあるのではないかと思うのですが」

「門外漢なもので大変恐縮ですが、この新サービスはもっとシンプルで直感的なほうがユーザーにとって理解しやすいのではないでしょうか？」

②私の理解力が追いついていないせいかもしれませんが、

自分の理解力に疑問を投げかけることで、自分の立場を低く保ち、質問や議論をスムーズに進めるテクニック。類似の事例としては、次のものが挙げられる。


「安易な質問なのですが」

「私の提案は○○さんのように洗練されていないのですが」

使用例

「私の理解力が追いついていないせいかもしれませんが、今回の組織再編の最終的な目的は何でしょうか？」

「私の理解力が追いついていないせいかもしれませんが、このプロジェクトの目標について再度ご説明いただけますか？」

「私の理解力が追いついていないせいかもしれませんが、このマーケティング戦略の中心的な考え方は何でしょうか？」

③うまくお伝えできておらず恐縮ですが、

相手とのコミュニケーションで行き違いが生じた際に使うと効果的なフレーズ。

「先日もお伝えしたとおり」
「何度もお伝えしていますが」
「ご説明したとおりではございますが」

などのフレーズを使うと、嫌味っぽくなってしまい、相手との関係性が悪化してしまう可能性がある。

一方、「うまくお伝えできておらず恐縮ですが」という前置きを活用すれば、「こちらの伝え方が悪かった」ことを明示でき、相手との関係性の悪化を最小限に食い止めることができる。

使用例

「うまくお伝えできておらず恐縮ですが、このプロジェクトの期日管理についてはもう少し柔軟さが必要であると感じています」
「うまくお伝えできておらず恐縮ですが、私の意見としてはこの新製品のデザインはもう少しシンプルさを追求すべきだと考えています」
「うまくお伝えできておらず恐縮ですが、今回のマーケティング戦略に関して、より多くの顧客の声を取り入れるべきだと思います」

「マウントさせてあげる」スキルを活用し、人と組織を上手に動かそう

～「マウンティング人心掌握術」のススメ～

仕事をスムーズに進めるうえでは、人と組織を上手に動かす必要がある。そのためには、社内外の関係者に「味方になってもらう」スキルが必要不可欠である。

仮に世の中の課題を解決する素晴らしいアイデアを着想したとしても、そのアイデアを評価してもらえなければ何も始まらない。また、そのアイデアが承認されたとしても、社内外の関係者の共感がなければ、十分なサポートが得られなかったり、さまざまな抵抗を受ける可能性もある。仕事で何らかの成果を残すうえで、あらゆるビジネスパーソンは人と組織の問題から逃れることはできないのだ。

ただ、これが想像以上に難しい。人間は常に合理的な判断を下すわけではないし、「人間心理」はさまざまな要因で変化するものだからだ。それゆえ、あらゆるビジネスパーソンには人間心理を深く理解し、社内外の関係者に「味方になってもらう」スキルが求められる。このスキルが不足していると、人と組織を動かすうえで、さまざまな困難に直面することになる。

逆に、人間心理を深く理解し、社内外の関係者を味方につけることができれば、あらゆる仕事をスムーズに進めることができる。そして、そのための最も効果的な方法の1つが、本節で解説してきた「マウントさせてあげる」スキルなのである。

「マウントする」のではなく「マウントさせてあげる」——相手のメンツを適切に設計することによって、自分の味方になってもらう——この「マウンティング人心掌握術」を習得できれば、あなたはさらに超一流のビジネスパーソンに近づくことができるだろう。

Column

オバマ氏に学ぶ「マウントさせてあげる技術」

「マウントさせてあげる技術」を習得するうえで、すべての人に参考になる素晴らしい動画がある。それが「AI（人工知能）の未来－バラク・オバマ×伊藤穰一」※だ。

この動画は、当時の米国大統領であったバラク・オバマ氏が、対談相手としてMITメディアラボ所長（当時）の伊藤穰一氏を迎え、AIをはじめとするテクノロジーが我々の生活に浸透することのメリット・デメリットについて議論する内容となっている。

演説の名手として知られるオバマ氏だが、彼が「マウントさせてあげる技術」の卓越した使い手であることはあまり知られていない。上記の動画の中で、オバマ氏が伊藤氏に対して「マウントさせてあげる技術」を遺憾なく発揮しているシーンに注目してほしい。

※ https://www.youtube.com/playlist?list=PLikWPcvoh6nWzxk0h39vFDdFirT03ogd6

【例】

「Ｊｏｉが専門家だから彼に従うよ」
「Ｊｏｉはもっとくわしく知ってるよね」
「たしかに君の言うとおりだ」
「Ｊｏｉの言葉を借りれば、メタ・プロブレムもある」
「だが、Ｊｏｉは的確でシンプルな指摘をしてくれた」
「非常に的を射た指摘だし、それはより大きな問題につながる」

米国の大統領からほめられてうれしくない人はこの世に存在しないはずだ。こうして見ると、オバマ氏は演説の名手であるだけでなく「マウントさせてあげる技術」に秀でたマウンティングの名手と言っても過言ではない。
「マウントする」のではなく「マウントさせてあげる」ことによって、多様なバックグラウンドを持つ人々と円滑なコミュニケーションを設計する——このスキルこそが21世紀を生き抜くうえで求められる必須の能力であることを理解してほしい。

第 3 第

マウンティングはイノベーションの母

〜マウンティングエクスペリエンス(MX)を売れ〜

テクノロジーからイノベーションは生まれない

バズワードより顧客の「マウンティング欲求」に着目しよう

イノベーションの創出が我が国における最重要課題の1つとして掲げられ、国家を挙げての対応が進んでいる。企業においても、「イノベーション推進室」や「DX推進室」などの新規部署が設置されるなど、イノベーションの創出に向けて本格的に乗り出している状況だ。

こうした中、イノベーションの創出を命じられた担当者の多くは、いわゆるバズワード起点で事業アイデアを発想してしまう傾向にある。バズワードとは、一見すると説得力のある言葉のように見えて、じつは定義や意味があいまいなキーワードのことを指す。具体例としては、ブロックチェーンやWeb3、メタバースなどが挙げられる。このようなバズワードを耳にすると、「デジタル新時代がやってきた」といった壮大な感覚を抱いてしまうが、具体的に何を指し示すのかが不明瞭であることに加え、思い描くイメージも人によってバラバラだ。

バズワードを散りばめたプレゼンテーションで投資家を魅了する起業家も最近増えたが、見映えの良いバズワードを前面に押し出した彼らの事業アイデアから優れたイノベーションが生まれることは滅多にない。むしろ弊害のほうが多く、カタカナを並べられると「なんだか凄そうな気がする」と感じてしまい、本質的な議論から遠ざかってしまいがちだ。

では、こういったバズワードに振り回されずに、本質的なイノベーションを生み出すには、どのようなアプローチが有効なのだろうか。

答えは顧客の欲求、もっと言えば、顧客の「マウンティング欲求」に着目することにある。

ビジネスの成功はマウンティングエクスペリエンス(MX)の設計が9割
～「マウンティング欲求」への洞察が大ヒットを生む～

そもそも、ビジネスとは何らかのモノやサービスを提供することによって顧客の欲求を満たそうとする試みだ。それはすなわち、顧客が抱える不満を特定し、解消してあげることにほかならない。ただ、現代社会においては、目に見える物質的な意味での不満の多くがすでに解消されてきており、人間の持つ欲求の中でもいわゆる「三大欲求」を起点としたビジネス機会は限定的となりつつある。

一方、SNSを通じて他人がどんな生活を送っているのかをリアルタイムで知ることができるようになり、他人と比較される機会が急増する現代社会においては、

「他人よりも優れていると感じたい」
「見下されたくない」
「自分のほうが格上であると思われたい」

といった、他人との比較をベースとしたマウンティング欲求を満たすことへのニーズが高まってきている。それゆえ、これからの時代において新たなビジネスを創造するうえでは、人間の行動の裏に隠されたマウンティング欲求に着目し、「マウンティングエクスペリエンス（MX）」起点で事業を構想することが求められているのだ。

ちなみに、マウンティングエクスペリエンス（MX）とは、「マウンティングを通じて

人々が得る至福感、多幸感、恍惚感」のこと。言い換えれば、「自分は特別な存在であると認識（誤認）させてくれる体験」のことを指す。

マウンティングエクスペリエンス（MX）起点で新規事業を企画する際には、顧客を「階層化」するための「対立軸」を用意せよ

では、マウンティングエクスペリエンス（MX）起点で新規事業を企画するには、どのようなアプローチが有効なのだろうか。

結論から言うと、消費者のマウンティング欲求を理解したうえで、顧客を「階層化」するための「対立軸」を用意することが重要である。

マウンティング欲求には、さまざまな種類がある。たとえば、

「経済的に豊かであると思われたい」

「頭が良いと思われたい」

「パートナーから愛されていると思われたい」

などだ。いずれも、人間の生存や生殖にとってなくてはならない大切な欲求である。

こういった人間特有のマウンティング欲求を理解したうえで、顧客を「階層化」するための「対立軸」を用意する。対立軸としては、次のものが用いられることが多い。

・学歴
・年収
・社会的地位
・居住地
・婚姻歴
・教養
・海外経験
・子どもの有無

適切な対立軸を用意し、顧客を階層化することによって、マウンティングの文脈における「上位顧客」と「下位顧客」を分類できるようになる。そのうえで、あらゆる顧客が上位顧客を目指しているような状態を設計することができれば理想である。

時代の変化に伴い、人間社会には次々と新たなマウンティング欲求が生まれ続けている。たとえば「インスタ映え」は、ＳＮＳ社会の到来によって、「インスタグラムで自分の外見をより良く見せたい」というマウンティング欲求が生まれたことによって発生した言葉である。また、昨今のＳＤＧｓブームによって、「地球環境に配慮できる先進的な自分」という新たなマウンティング欲求も現れてきている。

こうした世の中の変化を的確に捉え、「今、どのようなマウンティング欲求が求められているのか」に着目することができれば、より高いレベルでマウンティングエクスペリエンス（ＭＸ）を設計することができるようになるだろう。

米国企業の競争力の源泉はマウンティングエクスペリエンス（ＭＸ）の設計能力にあり
～顧客の「マウント欲求」をハックせよ～

優れた企業の多くは、人間に内在する根源的な「マウンティング欲求」を刺激し、「イケてるサービスを使っているイケてる自分」というマウンティングエクスペリエンス（ＭＸ）を提供することで、急速な事業成長を実現している。

近年の優れたイノベーションの多くは米国発のものだが、米国企業のマウンティングエクスペリエンス（ＭＸ）設計の秀逸さには目を見張るものがある。米国企業は、世界中の人々のマウンティング欲求を刺激することによって、顧客満足度を向上させ、ビジネスの発展につなげることに成功している。言い換えれば、マウンティングエクスペリエンス（ＭＸ）の設計能力が米国企業の競争力の源泉となっているのだ。

以下に具体例をいくつか見ていこう。

Apple ～革新的なプロダクトで「Apple信者」を生み出し続ける世界最高の高収益企業～

iPhoneやMacBookをはじめとするApple製品は、デザインや機能性だけでなく、所有すること自体がユーザーに対して大きな便益をもたらしている。消費者は新たなApple製品を購入することで、他者に対して自身のセンスやトレンドへの感度の高さをアピールすることができる。新製品の発売日にApple Store前で徹夜で行列する人々の姿がよくニュースになるが、彼らからすれば、Appleの新製品をいち早く入手することがある種の有効なマウンティング手段となっているのだ。

また、人々を「腕時計マウンティング（＝身に付けている腕時計のブランドやモデルで優劣を競い合うこと）」から解放したという点で、Apple Watchの存在も見逃せない。創業者のスティーブ・ジョブズはデザイン性が優れた製品を開発したと言われているが、彼が真に優れていたのはデザインではなくマウンティングエクスペリエンス（MX）の設計センスにあったのかもしれない。ここ数年、同社が時価総額世界No．1に君臨し続けている背景には、創業期から連綿と受け継がれてきたマウンティングエクスペリエンス（MX）の設計思想が存在していたのだ。

Ｆａｃｅｂｏｏｋ（現：Ｍｅｔａ Ｐｌａｔｆｏｒｍｓ）
～中高年による中高年のための世界的マウンティングプラットフォーム～

人々にコミュニケーションの機会を提供するサービスとして一般に捉えられているＦａｃｅｂｏｏｋ。しかし、同社が提供している真の価値は、自身の投稿を通じて「いいね」をもらう際に得られる恍惚感であり、その意味でＦａｃｅｂｏｏｋはユーザーにマウンティングエクスペリエンス（ＭＸ）を提供するためのプラットフォームと捉えることができる。あなた自身も、これまでに仕事の成果や著名人と自分が一緒に写った写真などをＦａｃｅｂｏｏｋにアップしたことがあるかもしれない。そのような方法でユーザーのマウンティング欲求を満たし、ユーザー自身に無限にコンテンツを投稿・量産させることに成功した点で、Ｆａｃｅｂｏｏｋは非常に画期的だったと言える。

ちなみに、Ｆａｃｅｂｏｏｋでは数年前から過去の思い出をシェアする機能がリリースされており、

「もう4年前になるのか、速いなあ」

「ちょうど5年前ですね。なかなか豪華なメンバーでの会食でした！」

などといった「過去の栄光マウント」が増加中である。プラットフォームとしての将来性に関しては否定的な意見も少なくないＦａｃｅｂｏｏｋだが、中高年に対するマウンティングエクスペリエンス（ＭＸ）の設計能力に関しては他の追随を許さないレベルにある。現在、同社が立ち上げ中のメタバース事業についても、その成否はマウンティングエクスペリエンス（ＭＸ）の設計次第と言っていいかもしれない。

Column

Facebookの肩書きが多すぎる人は常に何かに対して怯えている傾向

Facebookで、自身の学歴や職歴といった「肩書き」をこれでもかとモリモリに羅列している人を時折見かける。イメージとしては

・株式会社〇〇〇代表取締役CEO
・一般社団法人〇〇〇代表理事
・株式会社〇〇〇顧問
・総務省〇〇〇審議委員
・NewsPicksプロピッカー

といった具合だ。

Facebookに限った話ではないが、SNSのプロフィール欄はある程度は充実さ

せておいたほうが、見る人に対して「自分が何者であるか」をわかりやすく示すことができる。一方で、プロフィール欄の記載があまりにも多すぎると、逆に「自分の能力や実績に自信がないのではないか」という疑念も生まれる。実際、彼らの多くは、常に何かに対して怯えている傾向があり、目の奥に不安が滲んでいる場合も少なくない。

Ｓｔａｒｂｕｃｋｓ　～スタバでＭａｃｂｏｏｋをカタカタしながらおしゃれに作業している自分という体験を提供～

Ｓｔａｒｂｕｃｋｓは、アメリカ合衆国ワシントン州シアトルに本社を置く、世界最大のコーヒーショップチェーンである。１９７１年に設立され、その後、全世界に店舗を拡大している。

Ｓｔａｒｂｕｃｋｓが提供している価値は、美味しいコーヒーそのものであると一般に考えられている。しかし、同社が顧客に対して提供している真の価値は、「米シアトル発祥のカフェで読書しながら優雅にコーヒーを楽しんでいる自分」というマウンティングエクスペリエンス（ＭＸ）である。事実、創業者のハワード・シュルツ氏は、創業の背景について「本当に作りたかったのは、居心地の良い場所。深煎りコーヒーだけではありません」と述べており、同氏が優れた経営者であると同時に、卓越したマウンティングエクスペリエンス（ＭＸ）の設計者であることが示唆されている。Ｓｔａｒｂｕｃｋｓがほかのコーヒーチェーンを大きく引き離して世界的なブランドとなりえた背景には、シュルツ氏の卓越したマウンティングエクスペリエンス（ＭＸ）の設計能力があったのだ。

現在、中国発のコーヒーチェーン・ラッキンコーヒーが店舗数を急速に拡大しており、

Ｓｔａｒｂｕｃｋｓを脅かす存在としてメディアを賑わすことがある。今後、ラッキンコーヒーがスターバックスを超える世界的なブランドとなる場合、マウンティングエクスペリエンス（ＭＸ）が重要な論点の１つとしてクローズアップされることはまちがいないだろう。

Ｔｅｓｌａ　～「環境マウンティング」という新たな地平性を切り拓いた世界最先端のテクノロジー企業～

世界的な起業家であり資産家としても知られるイーロン・マスク氏率いる、自動車メーカーとして世界最大規模の時価総額を誇るＴｅｓｌａ。一般的な自動車が消費者に対して提供している価値は、利便性であったり、高級車を購入できるほどの経済的余裕を持っているという社会的ステータスである。

一方、電気自動車メーカーのテスラは、環境に配慮した高性能な車を提供することで「環境に優しく、イノベーティブな自分」というワンランク上のマウンティングエクスペリエンス（ＭＸ）を提供することに成功している。同じ高級自動車でありながら、ベンツやフェラーリとはまったく異なる価値を提供しているわけだ。

現在５０００億ドルを超える時価総額を誇るテスラだが、上記を踏まえると、同社の時価総額の源泉はテクノロジーではなくマウンティングエクスペリエンス（ＭＸ）設計の巧みさにあると考えることもできる。同社ＣＥＯのイーロン・マスク氏が世界有数の大富豪となることができたのは、世界中の人々に圧倒的な量のマウンティングエクスペリエンス（ＭＸ）を提供し続けてきた確固たる実績に裏打ちされたものだったのだ。

ＷｅＷｏｒｋ　～ニューヨーク発のコワーキングスペースで最先端の働き方を実践している自分という体験を提供～

ＷｅＷｏｒｋは、世界38ヶ国１５１都市以上の地域でシェアオフィスを提供・運営する米ニューヨーク発のテック企業である。ＷｅＷｏｒｋが提供しているのはオフィススペースやコミュニティ機能であると一般に考えられているが、同社が人々に提供している真の価値は「ニューヨーク発のコワーキングスペースで仕事をしている先進的な自分」というマウンティングエクスペリエンス（ＭＸ）にほかならない。

日本上陸直後には、滞在者が「ＷｅＷｏｒｋ」という文字が書き込まれたマグカップをスマホで撮影し、「ＷｅＷｏｒｋなう」「ＷｅＷｏｒｋはオフィスという概念を再発明したと思う」などとうれしそうにＳＮＳにアップする光景が数多く見られた。「資本市場をハックした」と言われたＷｅＷｏｒｋだが、人々のマウンティング欲求をハックすることにも成功していたのかもしれない。

ただ、ここ数年のＷｅＷｏｒｋは苦境に喘いでおり、かつて４７０億ドルと評価された同社の時価総額は１０００万ドル程度にまで低下している（２０２３年12月７日時点）。

「唯一無二のマウンティングエクスペリエンス（ＭＸ）を人々に再提案できるかどうか」

それこそが、同社の再建を考えるうえで最も重要なポイントの１つと言えるだろう。

マウンティングエクスペリエンス（MX）の設計に成功した国内サービス事例

我が国においても、顧客のマウンティング欲求に着目し、マウンティングエクスペリエンス（MX）起点で事業を創造することに成功した事例がいくつか存在する。以下に具体例を見ていこう。

NewsPicks　～エリートビジネスパーソンを「承認中毒」にいざなうプロピッカーというシステム～

NewsPicksは、「経済を、もっとおもしろく。」をモットーに掲げる経済メディア。独自記事だけでなく、国内外のメディアからピックアップした経済ニュースを読むことができる点が大きな特徴だ。

NewsPicksは、実力派の記者によって制作された見応えあるコンテンツで高い評価を得ているが、それに加えて、高度な専門性を備えた有識者によるコメントがメディアとしての価値の源泉となっている。

この有識者によるコメントを生み出すための手段として、ＮｅｗｓＰｉｃｋｓでは有識者に対して「プロピッカー」という名の栄誉を与えることによって、質の高いコメントが有識者から自動的に集まる仕組みを構築することに成功している。実際、プロピッカーに選ばれた我が国を代表するエリートの多くが、「有難いことに」「ご縁をいただきまして」「僭越ながら」などと恭しく前置きをしつつ、プロピッカーとして選出された事実を高らかにアナウンスしている。

２０２３年2月、米投資会社・カーライルがＮｅｗｓＰｉｃｋｓ運営元のユーザーベース社の全株を取得し、株式を非公開化したことが話題になった。今後、カーライルによる適切なバリューアップが実施され、より良い形での再上場を果たすことができるのか。その際には、マウンティングエクスペリエンス（ＭＸ）が重要な論点の１つとなることは言うまでもないだろう。

東大ＥＭＰ
～学歴コンプレックスを抱える人々に「東大ブランド」を授ける課金ビジネスの仕組み～

東大ＥＭＰとは、「東京大学エグゼクティブ・マネジメント・プログラム」の略称。社会人エグゼクティブ向けに、年2回（春期、秋期）の頻度で開講されている。

東大ＥＭＰが提供する価値は、さまざまな学問の最先端を支える思考のあり方を学ぶことで得られる課題設定能力や人的ネットワークであると公式サイトでは謳われている。しかし、マウンティングの観点から見ると、本プログラムが提供するもう1つの価値は「東大ブランドが欲しかったけれど学力的に手が届かず入学を断念せざるをえなかった人々に対して東大ブランドを授ける」というマウンティングエクスペリエンス（ＭＸ）を提供したことにあると考えることもできる。実際、東大ＥＭＰを修了した人の一部は、Ｆａｃｅｂｏｏｋプロフィールの出身校の箇所に「Ｔｈｅ Ｕｎｉｖｅｒｓｉｔｙ ｏｆ Ｔｏｋｙｏ／ＵＴｏｋｙｏ Ｅｘｅｃｕｔｉｖｅ Ｍａｎａｇｅｍｅｎｔ Ｐｒｏｇｒａｍ」などと記載し、

「東大ＥＭＰを本日修了致しました！」

「東大ＥＭＰ修了から丸3年、時が流れるのは速いものです」

などと投稿しがちである。

ちなみに、東大EMPの受講料は、500万円を優に超える金額だ。多くの大学が財政難に喘いでいると言われるが、すべての国内大学は東京大学EMPから次世代大学ビジネスのマネタイズ手法を学ぶ必要があると言えるだろう。

Forbes JAPAN30 UNDER30
～Forbesの権威性を武器にさまざまなビジネス機会を創出するメディアビジネスの雄～

Forbes JAPAN30 UNDER30とは、米国の経済誌であるForbesが展開する、30歳未満の若手起業家やイノベーターを表彰するプログラムの日本版のこと。将来性が期待される若手人材を選出し、彼らの活躍を広く社会に紹介することを目的とする本プログラムが画期的だったのは、Forbesという圧倒的な権威性を武器に、受賞者・審査員・スポンサー企業に対して三位一体のマウンティングエクスペリエンス（MX）を提供することに成功した点だ。

選出された若手人材は、自身の努力や成果が社会に評価され、承認されることによって、さらなる自己成長やモチベーションの向上を図ることができる。また、本プログラムに選出されること自体がある種の名誉であり、一定の社会的地位や信用が得られることから、将来のキャリア形成においてもポジティブな影響がある。同時に、審査員やスポンサー企業としても、将来の日本を背負うリーダーを審査し、表彰することによって、対外的なブランディング向上に役立てることができる。

Ｆｏｒｂｅｓ ＪＡＰＡＮ30 ＵＮＤＥＲ30は、マウンティングエクスペリエンス（ＭＸ）を適切な形で設計し、ステークホルダー全員がマウンティングの文脈で「三方良し」の状態をつくり出すことによって、我が国のイノベーション推進に大きく貢献していると考えられるのだ。

マッキンゼー東京オフィス

～「マウンティング戦略」の分野でも世界最高のサービスを提供する戦略ファーム～

マッキンゼーは、世界60ヵ国以上に１３０を超える拠点を構えるグローバルなコンサルティングファームで、世界最高の頭脳集団として名高い。その中でも特に日本におけるマッキンゼーのブランド力の高さは圧倒的な水準を誇る。

実際、東大や京大をはじめとする若手優秀層の一部は

「マッキンゼー内定」
「マッキンゼー出身」
「マッキンゼー最年少マネージャー」

といった肩書きを得るためにしのぎを削っている。また、彼らの一部は、退職後も自らを「卒業生」と称し、

「マッキンゼー時代は」
「マッキンゼーに入社して驚いたことは」

などと語ることで、マッキンゼーに在籍していた過去をさりげなくアピールする傾向があるとされる。

マッキンゼーの経営陣は、日本のトップエリートに対して「マッキンゼーに在籍していた」というマウンティングエクスペリエンス（ＭＸ）を提供することによって、優秀な人

材を採用することに成功している。その意味で、彼らは極めて優れたマウンティングエクスペリエンス（ＭＸ）の設計者と考えることもできるのだ。

近年、同社は大量採用に舵を切っており、マッキンゼー出身者が労働市場に急増した結果、「マッキンゼーブランドの毀損」を指摘する声が上がっている。「コンサル大量採用」の大きな流れの中で、いかに新たなマウンティングエクスペリエンス（ＭＸ）を設計することができるのか――それこそが同社の今後を占ううえで重要なポイントとなるだろう。

京都市　～歴史的価値とエレガントな「選民意識」で、世界中の人々を魅了し続ける世界屈指の観光都市～

京都と言えば、日本を代表する歴史都市であり、多くの人にとって憧れの場所でもある。雑誌でも京都は頻繁に特集され、

「京都に住んでいた頃は」

「先週、京都に行ってきたんだけど」

などとSNSでうれしそうにつぶやく人も少なくない。

歴史的価値の観点から言えば、たとえば奈良も京都に引けを取らない水準にあると言える。しかし、「奈良に住んでいた頃は」「明日から奈良出張なんだけど」といったマウンティングはほとんど見かけないし、雑誌でも奈良特集が組まれることは滅多にない。

一方で、京都はニューヨークやパリに匹敵するレベルの「マウント力」を誇る。その要因を1つに特定することは難しいが、自らを「雅（みやび）な存在」とみなす京都人特有の「エレガントな選民意識」が少なからず影響している可能性がある。京都人特有のエレガントな選民意識が人々の京都に対する憧れにつながり、マウンティングエクスペリエンス（MX）の提供にも寄与していると考えられるのだ。

今後、京都を訪れる際には、このような観点から京都という街並みを見つめ直してみると、新たな発見が得られるだろう。

日本経済にはマウントが足りない

「マウント消費」の活性化が長期的な経済成長をもたらす

日本の個人消費は、2021年度の実質国内総生産（GDP）で約54％を占めており、景気を左右するだけでなく、国民生活にも大きな影響を与える。それゆえ、長期的な経済成長を目指すうえで、個人消費の活性化は極めて重要な要素の1つと考えられる。

一方で、少子高齢化に伴う人口減少によって、我が国の個人消費は年々縮小傾向にある。量的緩和をはじめとするさまざまな景気刺激策を通じて、政府・日銀は消費活動のテコ入れを図ってはいるものの、根本的な解決策として機能しているとは言い難く、その効果に疑問を呈する向きもある。

では、我が国における個人消費を持続可能な形で拡大し、長期的な経済成長につなげるためには、どのような方法が考えられるのだろうか。その答えは「マウント消費」の拡大にあると筆者は考える。マウント消費とは、端的に言えば、通常の消費とは異なる、見せびらかしのための消費のことである。

マウント消費を拡大するためには、本章ですでに述べたように、人々のマウント欲求を刺激し、新たなマウンティング体験を生み出すことが必要である。そして、そのためには、官民一体となって、マウンティングを起点とする日本発のイノベーションを生み出すための枠組みを整備することが求められる。

世界中の人々のマウント欲求を適切に捉え、独自のマウンティング体験をつくり出すことができた時、日本は「失われた30年」と呼ばれる長期停滞から抜け出し、米国と肩を並べる規模の経済大国となることができるだろう。

マウンティングエクスペリエンス（MX）を制する企業が資本主義社会を制する

～UXではなくMXデザイナーの育成を急げ～

新たにビジネスを立ち上げる場合、どうしても先端的なテクノロジーに着目してビジネスアイデアを着想してしまいがちだ。しかし、ユーザーが真に求めているのは、高度に発達したテクノロジーではなく、人生に幸福感をもたらしてくれるようなマウンティングエクスペリエンス（ＭＸ）であることは言うまでもない。

「新たなテクノロジー」ではなく、「新たなマウンティング欲求」を起点に事業を考えることが重要なのである。これからの時代においては、ユーザーエクスペリエンス（ＵＸ）ではなく、マウンティングエクスペリエンス（ＭＸ）の設計能力がますます求められるようになるだろう。

上記を踏まえると、日本企業の競争力の向上を図るうえでは、マウンティングエクスペリエンス（ＭＸ）の設計に秀でた人材の育成が急務である。マウンティングエクスペリエンス（ＭＸ）を制する企業こそが、21世紀の資本主義社会を制するのだ。

第4第

「マウントフルネス」を実現するには

～「80億総マウント社会」を生き抜くための人生戦略～

マウンティングとともに生きる

「他人と比較するな」論に振り回されるな
～人間は何かと比較しないと幸福感を感じられないように設計された生き物～

人間というのは、ついつい自分と他人を比較してしまう生き物である。この意見に対して、「自分と他人を比較するのではなく、過去の自分と現在の自分を比較しよう」といった助言がなされることがある。筆者自身も、知人から相談を受けた際に似たような回答をしたことがある。

この類のアドバイスは、一見すると建設的で、もっともらしく聞こえる。しかし、現実問題として、自分と他人を比較せずに「過去の自分と現在の自分を比較する」などといった高度な芸当を成し遂げられる人がどれほど存在しているだろうか。それに「他人ではなく過去の自分と比べよう」というアドバイスを正しく理解し、実行することができるのであれば、私たちはとうの昔にマウンティング欲求から解放されていることだろう。

そう考えると、「自分軸を持つ」「他人と比べない」は、単なる机上の空論にすぎないのかもしれない。私たちは、自身の価値基準よりも他者との比較を優先してしまう性質を生まれながらにして備えている。人間は何かと比較しないと幸福感を感じられない生き物なのだ。

どうせ自由になれないのなら、マウンティング欲求を一方的に否定するのではなく、人生を切り拓くための武器として有効活用しよう

自分らしく満ち足りた人生を送るためには、自身に内在するマウンティング欲求を正確に理解し、意識的にコントロールすることが必要である。一方で、人間の行動の大半はマウンティング欲求によって支配されており、マウンティング欲求から完全に逃れることは不可能である。そもそも、人間が社会的な動物である以上、私たちがマウンティング欲求を持つこと自体、ある意味で仕方がないことと言える。

ゆりかごから墓場まで、マウンティングは続いていく——これは我々に課せられた、どうしようもない「宿命」なのだ。

ただ、だとしたら、マウンティング欲求を一方的に否定するのではなく、むしろ肯定的に捉えることによって、人生を切り拓くための武器として有効活用したほうが得策なのではないだろうか。

マウンティング欲求を自覚できずに振り回されてしまうような事態は、できる限り避けるべきだ。しかし、マウンティング欲求は、うまく使いこなすことさえできれば、私たちの人生におけるかけがえのない友人にもなりうるのだ。

マウンティング欲求を「手放す」必要などまったくない
～マウンティング欲求を捨てるのではなく、味方につけよう～

マウンティング欲求を持つことは、一般にはネガティブな事象として捉えられる傾向がある。しかし、マウンティング欲求は人間に備わった「本能」の一種であり、それ自体は決して否定されるものでも忌み嫌われるべきものでもない。

そもそも歴史を振り返ってみれば、太古の昔から現在に至るまで人間の行動の大半は、マウンティング欲求に支配されてきた。時代背景によってマウンティングの方法はさまざまに変化してきたものの、筆者が観察する限り、人間に内在する根源的なマウンティング欲求が社会から消え去ったことは一度もない。

最近は、マウンティング欲求を含む俗世的な欲求を持つこと自体を否定する若者が増えているという。しかし、人生の早い段階でそういった欲求を放棄し、「達観フェーズ」に入ってしまうと、人生そのものがスケールしなくなってしまう可能性も大いにありうる。多くの人にとって、マウンティング欲求を否定すべきフェーズはまだまだ先であり、私たちはマウンティング欲求に対してもっと素直になるべきなのだ。

そのためには、マウンティング欲求を「手放す」のではなく、マウンティング欲求を「味方につける」ことを意識することから始めてみるといいだろう。

マウンティングを味方にする戦略と技術

夢や目標は「マウント化」して紙に書き出して叶えよう
〜未来マウント日記〜

「思考は現実化する」「夢は紙に書けば叶う」――このような類の話をビジネス書などで見かけたことがある人も多いかもしれない。夢や目標を紙に書くことの有効性についてはすでにさまざまな実証研究が存在し、ビジネスパーソンのみならず、アスリートの中にもこういったメソッドを活用することによって成功を遂げた人物が数多く存在する。

しかし、多くの人は、夢や目標が実現するまでにその達成を諦めてしまう。そのおもな原因としては、夢や目標を達成した際の「ワクワク感」が大幅に不足していることが挙げられる。

そんな人におすすめの、従来のメソッドとは一線を画した画期的な「願望実現法」がある。それは、夢や目標をそのまま紙に書くのではなく、「マウントを取っている自分の姿」がありありと感じられるように「マウント化」した状態で紙に書き出すことだ。いわば自分だけの「未来マウント日記」を書くことによって、脳に望ましい状態を覚え込ませ、自然に目標達成に向かわせるわけだ。

「マウント暗唱例文」でマウントフルな出来事を引き寄せる

その際に、自分だけの「マウント暗唱例文」を作成し、声に出して読み上げてみることも有効な方法である。

マウント暗唱例文の具体例

「仕事柄、普段から会食が多いこともあって1本数百万円を超えるような高級なワインをたくさん飲ませていただきましたけど、結局、2500円の赤ワインを気のおけない仲間たちと飲んでいる時が一番幸せなんですよね」

「昨日、我が家の近くに警察の方々がたくさん集まってきていて、『何が起こったんだ』と思って見ていたら、空き巣に強盗が入ったみたいです。治安の良さに惹かれて南麻布に住むことにしたのだけれど、自分もこれからはいろいろと気をつけなくちゃいけないな……」
「先日、永田町の勉強会で国会議員の先生方を相手にお話させていただいた内容をもとにブログを書いてみました。しかし、ブログというものはなかなか難しいものですね、全然うまく書けないや……」

重要なことは、夢や目標を「マウント化」し、脳により多くの臨場感を与えることだ。そのためには、「人生を通じて自分はどんなマウントを取っていきたいのか」を明確に言語化することが必要である。そうすることによって、自分自身の行動が変化し、「マウントフル」な出来事が引き寄せられてくるようになる。最高の未来が実現することを信じて、「マウント化」した夢や目標を紙に書き出すことさえできれば、あなたはかんたんに理想の人生をつかみ取ることができるようになるだろう。

複数のマウント要素をかけ合わせて、独自の「マウントポジション」を確立し、終わりなきマウンティング競争から自由になろう

現代社会においては、自身に内在するマウンティング欲求に自覚的に向き合わなければ、不毛な「マウンティング競争」に巻き込まれてしまうリスクがある。そのリスクを回避するためにはどうすればいいのか。最善の方法の1つは、「自分だけのマウントポジションを確立すること」であると筆者は考える。

1つの軸でマウンティング競争をしようとしても、上には上がいて、その先には消耗するだけの人生が待ち受けている。しかし、いくつかの「マウント要素」を組み合わせ、自分だけの「マウントポジション」を確立することで、だれからもマウントを取られなくなる。

複数の「マウント要素」の組み合わせのパターンとしては、次の例がある。

- ・ウォーレン・バフェット型：「投資家」×「質素」
- ・ナタリー・ポートマン型：「セレブ」×「読書家」
- ・ひろゆき型：「評論家」×「パリ在住」

独自の「マウントポジション」の確立を目指す際には、ぜひとも参考にしてみてほしい。すでに述べたように、人間は社会的な動物であり、他人との比較から逃れることは現実的には難しい。そのため、「比較しない」ではなく「比較されない立ち位置を見つける」ことが、人生100年時代における人生戦略としては重要となる。「他人と比較するな」という言葉に惑わされることなく、「他人と比較されない」立ち位置を築くことによって、「マウントフルネス」の状態を実現することができるのだ。

マウンティングを制する者は人生を制する
～マウンティングリテラシーを鍛えて「80億総マウント社会」を力強く生き抜こう～

ビジネスパーソンの中には、資格取得などのスキルアップに熱心に励む人がいる。MBA（経営学修士）などの学位取得にチャレンジする人も少なくない。そういった社会人による学び直しはキャリア形成にプラスに働く可能性があり、それ自体は否定されるべきものではない。しかし、人工知能（AI）が発達し、英語、ファイナンス、プログラミングといったスキルが陳腐化するこれからの時代においては、そのようなスキルよりも、人間が抱える内面的な心理や欲求を深く洞察する「人間理解」のスキルのほうが圧倒的に重要となる可能性がある。

そのようなスキルを身につけるためにはどうすればいいのか。一番の近道は「マウンティングリテラシーを鍛えること」であると筆者は考える。なぜなら、「マウンティングを理解することは、人間を理解すること」そのものだからだ。

年々激化するマウンティング競争によって、多くの人々が疲弊し、人生の指針を見失っている。そんな「80億総マウント社会」においても、マウンティングを新たな「教養」と捉え、マウンティングリテラシーを鍛えることによって、私たちは幸福に満ちた人生を手に入れることができる。


不毛な「マウンティング競争」を逆手に取り、自分だけの「マウントフルネス」を手に入れることで、理想の人生をつかみ取ろう。

「マウンティング欲求」から自由になることはできないが、「マウンティング競争」から自由になることはできる。

マウンティングを制する者は人生を制するのだ。

おわりに

「人生を好転させるには、マウンティングを理解し、使いこなすことが必要不可欠である」

本書を読み終えた今、賢明な読者の皆さんはその理由を存分に理解できたことだろう。マウンティングリテラシーの重要性に気づき、飛躍的な成長を遂げたあなたは、だれよりも豊かで満ち足りた最高にマウントフルな人生を謳歌することができる。筆者はそう確信している。

どれだけ有能で素晴らしい人格を備えていようとも、マウンティングを理解していなければ、人生という名の荒波をうまく乗りこなしていくことは難しい。しかし、本書で解説したメソッドを正しく実行すれば、あなたは競争の激しい現代のマウンティング社会を軽やかに生き抜いていくことができるようになるだろう。

今回、マウンティングをテーマとした書籍を執筆した背景には、

「1人でも多くの人に最高の人生を送ってほしい」
「仕事のストレスや人間関係の悩みから解放され、マウントフルネスを実現してほしい」

という筆者の切なる願いがある。

本書を通じて、マウンティングリテラシーを身につけることで、人生における悩みやストレスは激減するはずだ。現代の息苦しい世の中を生き抜くためのせめてもの一助となることができたなら、マウンティング研究者としてこれ以上の幸せはないだろう。

筆者は今後、マウンティングを起点としたさまざまな取り組みをおこなっていくことを構想している。具体的には、

・「マウンティング×人生相談」
・「マウンティング×小説」
・「マウンティング×脚本」

・「マウンティング×漫画」
・「マウンティング×現代アート」

などだ。

また、法人向けには、

・「マウンティング×マナー研修」
・「マウンティング×新規事業企画」
・「マウンティング×人材採用」

などを通じて、ビジネス社会におけるマウンティングリテラシーの啓蒙に携わることで、日本経済の活性化に寄与していければと考えている。協業の際にはお気軽にご連絡いただけると幸いである。

最後に、本書の出版にあたっては、SNS上の事例やエピソードなどを一部参考にさせていただいた。情報の提供にご協力いただいた方々には深く御礼申し上げる。

とりわけ、担当編集者である技術評論社の傳智之氏ならびに企画・プロデュースを担当いただいた勝木健太氏には並々ならぬご尽力をたまわった。両氏の卓越した企画・編集センスなしに本書は完成しておらず、彼らの貢献はどれだけ強調しても強調しすぎることはない。あらためて深く感謝申し上げる。

本書を通じて、１人でも多くの人がマウントフルな人生を送ることができるようになることを筆者は願っている。みなさんの人生が明るい方向へ向かっていくきっかけになったなら、これほどうれしいことはない。

少しでも参考になる箇所があったなら、お手数ながら、Ａｍａｚｏｎのレビューでマウントフルな感想をお知らせいただけると幸いである。

また、日常生活を送る中で特筆すべきマウント事例を見かけたら、ぜひともＳＮＳなどで共有していただけるとありがたい。「だれもが自分らしくマウントを取ることができる豊かな社会」の実現に向けて、我が国のマウンティングリテラシー向上に役立てていければと考えている。

マウンティングポリス

「人間のあらゆる行動はマウンティング欲求によって支配されている」「マウンティングを制する者は人生を制する」を信条に、世の中に存在するさまざまなマウンティング事例を収集・分析し、情報発信に取り組むマウンティング研究の分野における世界的第一人者。「だれもが自分らしくマウントを取ることができる豊かな社会」の実現に向けて、我が国のマウンティングリテラシーの向上に努めることを人生のミッションとして掲げている。

【X】@mountingpolice

カバーデザイン……tobufune（小口翔平＋須貝美咲）
イラスト……白井匠
本文デザイン……相原真理子
企画／プロデュース……勝木健太
編集……傳 智之

■お問い合わせについて

本書に関するご質問は、FAX、書面、下記のWebサイトの質問用フォームでお願いいたします。電話での直接のお問い合わせにはお答えできません。あらかじめご了承ください。

ご質問の際には以下を明記してください。

・書籍名
・該当ページ
・返信先（メールアドレス）

ご質問の際に記載いただいた個人情報は質問の返答以外の目的には使用いたしません。

お送りいただいたご質問には、できる限り迅速にお答えするよう努力しておりますが、お時間をいただくこともございます。

なお、ご質問は本書に記載されている内容に関するもののみとさせていただきます。

◆問い合わせ先

〒162-0846
東京都新宿区市谷左内町21-13
株式会社技術評論社　書籍編集部
「人生が整うマウンティング大全」係
FAX：03-3513-6183
Web：https://gihyo.jp/book/2024/978-4-297-13951-3

人生《じんせい》が整《ととの》う
マウンティング大全《たいぜん》

2024年2月28日　初版　第1刷発行
2024年5月22日　初版　第3刷発行

著　者　　マウンティングポリス
発行者　　片岡巌
発行所　　株式会社技術評論社
　　　　　東京都新宿区市谷左内町21-13
　　　　　電話　03-3513-6150　販売促進部
　　　　　　　　03-3513-6166　書籍編集部

印刷・製本　　昭和情報プロセス株式会社

定価はカバーに表示してあります。

ISBN978-4-297-13951-3　C0034
Printed in Japan